# 不登校児を支えるメンタルフレンド活動

出会い　ふれあい　笑顔の明日へ

メンタルフレンド東海　編著

黎明書房

# はじめに

子どもには笑顔がよく似合う。

しかし、そのかけがえのない笑顔を失ってしまっている子どもたちがいる。笑顔だけでなく失っていくものも増えてくる。一緒に笑い合える友だちを失い、素直な言葉を失い、自分を好きでいられる心さえもしぼませてしまっている子どもがいる。世間で「不登校児」といわれている子どもたちである。

「学校には行きたくない」「学校に行こうとすると足がすくむ」、それでも毎日行かなくてはならない、行っても居場所も心を許せる友だちもいない学校。

「でも本当は一人はさびしいし、つまらない」「私と一緒に、私だけのために遊んでくれる大学生のお兄さん、お姉さんがいる」って先生から聞いた。「会ってみようかな。一緒に遊んでみようかな……」。そうして始まる不思議な出会いと繰り広げられる二人だけのドラマ。やがて少しずつ心を開いて笑顔を取り戻していく子どもたち。笑顔と共に自分を好きでいられる気持ちも膨らませていく。

愛知県東海市で不登校児の幸せを願ってメンタルフレンド活動を開始して二〇年目の節目を迎え

た。活動する学生を支える世話人は大学の教員、精神科医、元教員や養護教諭、スクールカウンセラーや臨床心理士である。世話人はそれぞれの専門性を生かして、メンタルフレンドの学生に示唆し、励まし支える。

メンタルフレンドである大学生のお兄さん、お姉さんは、とにかく不登校児と遊ぶ。一緒に楽しく遊ぶだけ……。決して登校刺激はしないし、治療も目的としないで一緒に遊ぶだけの無償の学生ボランティア。タテでもヨコでもない、大学生のメンタルフレンドと不登校児のナナメの関係。だから不思議な力で「笑顔の明日」を取り戻す援助ができる。

本書は、その活動の二〇年の軌跡をまとめたものである。もとよりつたない歩みであるが、笑顔と自信を取り戻していく子どもたちに支えられて、今日まで歩み続けてきた。

本書により、私たちメンタルフレンドの活動を知る一助としていただきたい。不登校児の幸せを願う教員や関係諸機関の方々にご一読いただければ幸甚である。

編　著　者

# 目　次

目　次

# 第Ⅳ章　メンタルフレンド活動から見えてくるもの　80

# 第Ⅰ章　不登校児の幸せを願って

## 1　動機と意義

不登校児が一〇万人を超えると発表されたのは一九九七年のことであった。それまで登校拒否と呼ばれていたものが不登校といわれ始めたのもその頃であった。この問題に早く着目したのは民間の人たちで、まずここからこれらの子どもを支援する活動が始まった。古くは野外のキャンプ体験（平井信義）、学校外の学校ともいうべきフリースクール（奥地圭子）、さらに厳しい訓練によって根性を鍛えることを標榜するヨットスクール（戸塚宏）、親の会、また、これらの子どもたちのための新しい構想の寄宿学校（兵庫県）、管理教育反対をかかげた私立黄柳野《つげの》高校（愛知県）など民間主導の運動が大きなうねりを作った。それぞれに特色があり、また消長がある。ただ当初の意気込みがなえた感がないわけではない。

これらを下からの動きとすれば、上からの動きとしては文部科学省による全国の適応指導教室の設置が挙げられる。学校における指導を強化し、増加する不登校児に対応することにしたのである。いずれの立場も解決の決め手を欠くまま現在に至っている。これら公私にわたりさまざまな対応策が試みられる中にあって、私たちはメンタルフレンド活動という一つの方法を提案し、それを実践して二〇年を迎えた。この実情を報告し、反省を加え、問題点を検討していきたい。

## 2　ナナメの関係

私たちはこの活動を「メンタルフレンド活動」と呼んでいる。詳細は後述するが、概要は「ボランティアの大学生が不登校児の家庭、または学校の保健室、特別教室を訪問し、子どもたちと遊びを通して人間関係を形成するきっかけを作る活動」である。

週一～二時間ほどであるが、子どもと学生（メンタルフレンド）の二人が共に時間を過ごす。「学校」から離れ、手芸や折り紙、ゲームやカード遊びを楽しみ、時には運動場や体育館で共に汗を流す。何の変哲もない交流であるが、ここに不思議な力がわいてくる。子どもたちはこの自由な遊びの時間を待ちわびる。自分だけのために兄・姉にもあたる学生が訪ねてきて、友だちとして

メンタルフレンドと不登校児の関係

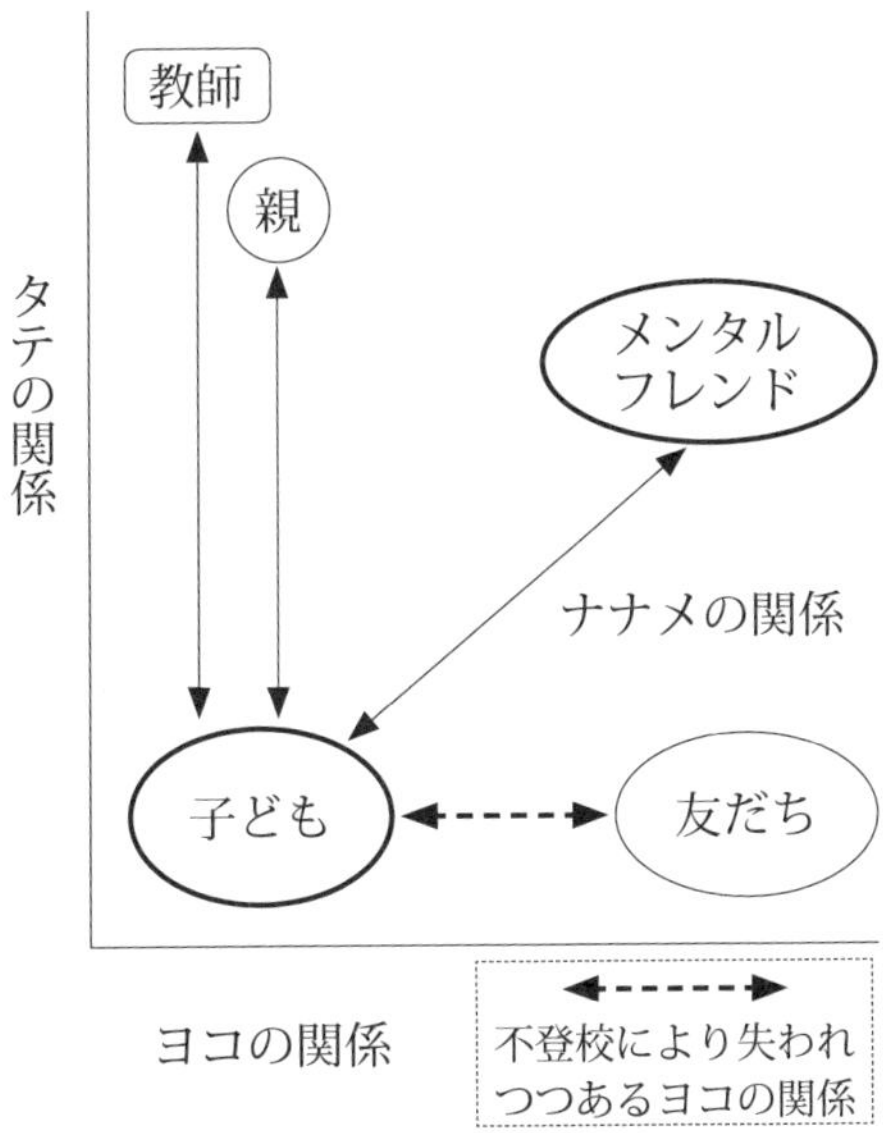


一緒に過ごす。子どもたちにとって、今までに経験したことのないことである。日頃接する親・教師とは、いわばタテの関係で接してきた。また事情があり友だちというヨコの関係（ピア：peer）がつくりにくく、またそれが失われた子どもたちである。そこに兄・姉のような「ナナメの関係」という得難い関係を経験する。

親や教師が工夫を重ね努力してもどうにもならなかったことが、学生の若い感性と巧まざる働きかけによって変化が起こる。これに着目したのが私たちの活動である。

## 3　活動を支える研修

活動に当たる学生の訓練や研修には格別に慎重である。この活動を希望する学生には主旨と内容を説明し、学生の意欲や資質を確かめた上で世話人が選考する。さらに子どもを担当する学生を決めるにあたっては、まず子ども、そして親・担任教師がメンタルフレンドを希望するかどうかを確かめた上で、学生の人がらなどを熟知している世話人が協議して決定する。私たちはまず、この相性を見極める過程を大切にしている。

そうして初対面の日を迎える。おずおずしながら自分を語る子ども、無言で下を向いている子ども、それとは逆にすぐにはしゃぎだす子ども……。全く知らない者同士が二人だけの時間を共有する。それは不思議な縁というほかないが、この縁によってさまざまなドラマが展開されることになる。

また、学生に対応するシステム（スーパービジョン）が整っているのもこの活動の特徴である。大学教員や養護教諭経験者・精神科医・スクールカウンセラーや臨床心理士でもある世話人は臨機応変にスーパーバイザーとして学生のサポートにあたる。

この活動に参加する学生にはかなり厳しい研修が課せられている。初回研修（二日間）では活動のねらいや特徴が説明される。その中でも先輩学生の活動体験は貴重である。研修の核をなすものは受容と共感の態度を身につけることで、ロールプレイの手法を用いながら体験的に学習する。講義「関わり方入門」では事例援助の基本となる考え方と留意点、並びに活動時のルールおよび倫理を学ぶ。しかし一貫して学生の感性を重んじ、専門家的なアプローチを斥《しりぞ》け、学生の素人性の重要さにふれる。ここで「関与しつつ観察する」ことの手ほどきを受ける。また講義は子ども理解や学校理解等多岐にわたる。学生は普段の大学の講義との違いに驚き、そのままの自分でいることの大切さに改めて気付き活動への意欲を高めていく。

この他夏期の一泊二日の宿泊研修、年度末に一年間の各メンタルフレンド活動の総括と、次年度への引き継ぎのための研修会がある。世話人にとって学生の成長を目の当たりにする研修会でもある。これらの研修会が教職員に公開されていることも異色といえる。自由参加ではあるが、研修会には該当する子どもの担任、養護教諭、スクールカウンセラーのみでなく、校長や教頭、教育委員会の担当主事・適応指導教室の指導員も出席する。東海市のメンタルフレンド活動のように、多職種のスタッフが一堂に会して検討することは、他の市町のメンタルフレンド活動ではないことである。多職種の発言は、互いに「違いを知る」絶好の機会であり、地域の連携のあり方を考える機会ともなる。初めて研修会に参加した教師は、学生の真摯にして豊かな感性や自由な発想に接して感銘したともらした。これらの会を通じて、不登校事例に若い学生のもつ援助能力を評価する声も聞かれるようになった。

## 4　学校教育への期待

世話人の多くは、かつて小中学校教育に現場で直接関わってきた。現場にいて関わっていたからこそ見えてくることがある。自明の理であるが、学校があるから不登校児が存在する。その学校という存在は、不登校児にとって行きたくないところである。行かなくてはいけないところであるが、行くことができない、あるいは行きたくないという現実。私たちは、不登校児を巡る学校という社会の閉塞性と、学校の限界も承知している。学校には、いじめ・不登校対策委員会は設置されているが、それが十分機能していない現実がある。重要なのは学校現場において、不登校児への対症療法的な対応から不登校を出さない学校づくりへの変革である。子どもたちを集団の一員としてとらえるだけでなく、さまざまな個が集団を形作っているという、視座の移動を願う。

この活動も、はや二〇年を迎えた。この間メンタルフレンドが関わった子どもは二八〇名を超える。これらの歩みから得た知見をまとめた本書により、いまなお大きな問題である不登校の子どもの支援として有効なメンタルフレンドの活動について広く知ってもらいたい。と同時に、大学生のボランティアとしてのメンタルフレンドが、ただたんに子どもと遊べばよいというわけではなく、彼らを支え、学校や諸機関との関係を調整したりする仕組みが大切なので、これから取り組もうとしている関係者の参考になることを願っている。

何よりも貴重なのは、この活動がボランティアで支えられていることである。無償で真摯な活動をする学生たちには心から敬服している。さらに、メンタルフレンド経験者の中から臨床心理士が生まれたことに、私たちは喜びと密かな誇りを感じている。

（長岡利貞）

## 5　メンタルフレンド東海の歩み

「メンタルフレンド東海」は、平成七年に民間ボランティア団体として、大学教員三名をはじめとする五名の世話人で立ち上げた。この団体を立ち上げたきっかけは、すでに活動を開始していた児童相談所のメンタルフレンド活動がモデルである。この「メンタルフレンド東海」は、民間の活動であり、不登校傾向の子どもの自立支援をすることをねらいとしている。すなわち、会の基本的な考え方として、再登校だけを目的とするのではなく、ボランティア精神をもつ大学生が、子どもの話し相手になったり、一緒に遊んだりするうちに、一人ひとりが元気になって自ら何かを始めようと動き出すことへの支援活動を目指している。したがって、活動にあたってはメンタルフレンドの学生自身が楽しむこと、お仕着せではないお兄さん、お姉さん役のフレンドになって時間を共に過ごすことを大切にしている。また、対象となる子どもたちと年齢差が比較的少さく、子どもの文化やユースカルチャーに程良い感覚と理解をもつ大学生が、従来の教師、児童相談所職員、医療関係者など専門職員とは一味違う接近ができることを最大限の強みとする活動である。

また、メンタルフレンド東海は、活動にあたる学生の研修を重視していることも特徴の一つである。これは、メンタルフレンドとして活動を始めた学生自身が対応に悩む場面に遭遇するので、あらかじめ研修の機会を与え、いつでも世話人からサポートを受けることができるようにするためである。

私たちの活動は民間の活動として出発したものであるが、学校や適応指導教室、市教育委員会主催のキャンプ（青空教室）等にも学生が参加することもあるし、学生の研修に教育委員会や学校関係者に講師を依頼したり、研修に教師の参加を歓迎したりする。このように、公的諸機関と相互理解を図る中で信頼関係を作ってきたことも一つの特色である。

これまでにメンタルフレンドとして登録した大学生は、発足当初から平成二六年度までの二〇年間に延べ二八二名いる。このうち、小中学校及び適応指導教室へは、一四二名が訪問し、また、六四名が家庭訪問をしている。毎年一二〜一七名の学生が登録しているが、個別活動以外にも、集団活動である「ハッピー・フレフレパーティー」には、個別活動をしていない待機者も含め、メンタルフレンド全員で活動を展開している。

メンタルフレンドたちは、応募してから一定の研修を経て、実際の活動を始める。研修は、初回研修（二日間）と、継続研修としての夏期宿泊研修（一泊二日）、年度末（三月）の一年間の各メンタルフレンド活動の総括と、次年度への引き継ぎのための研修（一日）の計五日間行っている。

初回研修の内容としては、「メンタルフレンドとは何か」「メンタルフレンド活動の実際」「適応指導教室とは」「学級担任として不登校児童生徒への対応の実際」「面接入門」など、初めて参加する者にとって活動の意味やこれからの活動に必要な学習内容を含んでいる。宿泊研修では、ケースを担当したメンタルフレンドの報告書に基づく「ケースカンファレンス」とメンタルフレンド自身の自己開示や人間関係づくりの「体験学習」、また、「児童期・思春期の発達障がい」等について精神科医やスクールカウンセラーの講義をプログラムに組んでいる。年度末での研修では、その年度の活動のまとめとして、ケースカンファレンスを中心に行い、とくに一年の活動をどう終結するか等に重点を置いている。

この活動を続けてくる中で、不登校傾向を示す子どもたちの中に発達の課題をもつ子どもたちが増えてきたことから、研修のテーマとして「発達障がいの理解について」も取り上げている。また、小中学生を対象としているため、思春期の課題も考慮し、「性」についても養護教諭を講師として迎えている。

この活動を二〇年行うことができた背景には、さまざまなことがあった。その一つに、「メンタルフレンドはどんな学生がなっているのですか」とある学校の先生にいわれたことがある。当然のように「心理学を学んでいる学生ですよね」ともいわれた。しかし、世話人代表として、「違います。心理専攻の学生ではありません」と返答すると、「大丈夫ですか」と聞き返された。この問答を今でもよく覚えている。

私たちの活動は、遊びを通して子どもたちが元気になることを中心に置いている。むしろ、心理系の学生をメンバーには考えていない。それは、不登校の子どもたちを心理学的に分析したり、判定したりするつもりが毛頭ないからである。また、子どもと遊ぶのにどの学部の学生であってもいいと考えている。たまたまこの会を立ち上げた時の世話人が所属する学部は、心理学部ではなかった。

このこともあって、とにかくメンタルフレンドとしてボランティア精神をもつ若い学生たちの活動を見てほしかった。また、その研修の内容を知ってほしいということで、参観のお誘いを市内の各学校に出した。さらに、年度初めの校長会でメンタルフレンド東海の紹介を兼ねて挨拶の機会を得ている。他にも教頭会、不登校担当者会など機会あるごとに、メンタルフレンド活動を知ってもらう働きかけをしてきた。偶然にもこの活動を始めたのは、一九九五年、文部省の「スクールカウンセラー活用調査研究委託事業」開始と同じ年である。さらにいえば、スクールカウンセラーは、私たちの活動にとってよき理解者であり、子どもを支えるための協力者でもある。実際に、スクールカウンセラーからの要請により、メンタルフレンド活動が始まることも多い。

メンタルフレンド東海がこれまで活動を続けてくることができた背景には、まずは、教育委員会の支持があり、それぞれ学校の担当者と直接顔を合わせて子どものことを協議していることを挙げることができる。そして、活動の中でとくに大切にしていることは、メンタルフレンド活動を利用する子どもたち一人ひとりに、メンタルフレンドを希望していることを確認していることである。

希望したその子どものことについて、学校や教育委員会の担当者と事前及び活動中も含め、何度も活動の様子について情報交換をする。さらに、毎回の学生の活動報告と定期的に開催している研修会でのケースカンファレンスでは、学生のボランティア活動の意義を強調している。学生だからできるボランティア活動。不安を抱えながらも子どもたちにできることはないかといつも考え、その精一杯のボランティア精神で、子どもとたわいもない遊びに夢中になるメンタルフレンドがいる。だから、子どもたち一人ひとりは素直に遊びに興じ、自然に笑みがこぼれるようになる。この時間が子どもにとって、どれほど大切な時であるのか……。子どもとメンタルフレンドとの最初の出会いは、たしかに意図的なものではあるが、その後の活動は二人で創り上げていく。やがて子どもたちにとってメンタルフレンドは、大切な人となる。そのため、出会いも大切なものとなる。

また、学年末には別れを体験することになるが、これにも大きな意味がある。不登校の子どもにとって家族以外の人との出会いと別れそのものが貴重な体験となる。一年間の交流の終了は、次の新しい出会いにつながる。そのためにも、年度末でいったん終了する。もちろん、子どもが次の年度もメンタルフレンドを希望すれば、新しいメンタルフレンドを紹介する。こうして、メンタルフレンドとの出会いと別れを重ねていく。中には、小学校三年生でメンタルフレンドとの交流を始め、中学校を卒業するまでに七名のメンタルフレンドと出会った子どももいる。

毎年、メンタルフレンドの学生を世話人の大学で採用している。選考には、普段から見ている学生の生活ぶりや、性格を吟味した上で、メンタルフレンドとして登録している。それゆえに、上手くマッチングができると考えている。

メンタルフレンド活動に参加する学生は、毎年卒業とともに新入生に引き継ぐが、卒業後も世話人として加わり、活動をする者もいる。

だからこそ、活動の初志がぶれることなく引き継がれ、今日に至ったのであろう。（香村弘恵）

# 第Ⅱ章　繰り広げられるドラマ

## 1　私の大切な友だち、メンタルフレンドさん

### (1)　ついつい本気に（小三女子と交流）

私は、「不登校の子って、どんな感じだろう。うまく話せるかな」という不安を抱えて、メンタルフレンドとしての活動を始めた。いざ活動を始めると、その不安はあっという間に消えていた。私が関わった児童は、訪問するたびに次から次へと「これがやりたい！」と、遊びを提案してきた。外ではサッカー・追いかけっこ・バドミントンをした。暑い日も寒い日も、汗をかきながら一

緒に夢中で遊んだ。彼女は運動神経がよい。気がつくと私も本気になってボールを追いかけた。家の中では、テレビゲーム・トランプ・宝探しゲームをした。また、一緒にケーキを作って、それを囲んで写真を撮って遊んだ。とくに印象に残っているのは、よく二人だけの特別ルールを作って遊んだことである。初めは自分に有利なルールを主張していた彼女が、活動を重ねるうちに、私の勝てる状況をつくってくれるようになった。

何回目かの訪問の時に、彼女が「プリクラを撮りに行きたい」と提案をしたことがあった。二人で百円ショップにプリクラを撮りに出かけた時は、お金を出し合い、撮ったプリクラを半分ずつ分け合った。彼女がうれしそうに何度もプリクラを見ていた姿を今でも覚えている。

彼女は私の服装や身につけているものをいつもよく観察していた。最初の自己紹介の時、好きな色は黒といい、普段は控えめな色を身につけていた。やがて彼女が、明るい色の服や小物を身につけるようになってきたことが印象的であった。

ある時、私が身につけていたアクセサリーの話から、当時私が交際していた彼氏の話題になった。このような話までしていいのかと戸惑いながら「内緒だよ」といい、名前や年齢を話した。彼女はすぐに母親に話したので、この話は結局三人の間の秘密ということになった。秘密を共有したことで、彼女とも、その母親とも距離が縮まったように感じた。

夏の青空教室に参加する時、彼女は母親が一緒でないと参加しないといっていた。それが、少しずつ母親から離れ、大勢の参加者やメンタルフレンドに交じって料理ができた。普段の活動の時のような活発な姿を、大勢の人が活動する青空教室の場面でも見ることができ、とてもうれしかった。青空教室で親子亀のポーズをして撮った写真は、今でも私の心の支えとなっている。

一年間の活動を終えて、次の年度に新たな別のメンタルフレンドが彼女につくことになった。別れる時は何ともいえないさびしい気持ちになった。

今私は学校に勤務しているが、振り返ってみると、不登校になった彼女には、彼女なりの環境・背景があり、これを踏まえた関わり方が必要だったのではないかと反省している。しかし、学生という立場だからこそ、つい本気になって遊ぶことができ、飾らない自分をさらけ出し、私自身が彼女との活動を共に楽しむことができたのだと考える。

彼女のＬＩＮＥのプロフィールには、友人に囲まれた笑顔の写真が載っている。彼女は当時どのような想いであったのだろうかと気になるが、これからも見守っていきたいと思う。（酒井　愛）

## (2) 「仲良くなれたよ、うれしいなあ」（中三男子と交流）

顔合わせの日、彼とは一度も目が合わなかった。母親に「お姉さんと二人で話す？」と促されても、首を強く横に振った。自己紹介のため名前だけお互いに紙に書いて渡すことになり、メモ用紙を交換した。

私は正直、不安であった。これから二人での活動が始まるが、中学三年生という多感な時期に異性である私に心を開いてくれるかどうかということが。

二回目の活動の日、彼は玄関で立って待っていた。すぐに活動する部屋に案内してくれ、部屋に入るとゲームの準備を始めた。「どんなゲームなの？　このシリーズが好きなんだ」と私が聞くと「戦うゲームです。はい……」とボソボソと答えた。私に簡単な操作法を教えてくれ、二人でゲームを始めた。会話はなく、淡々とゲームを進めていく。

私がよくわからないうちに、彼は敵を倒してクリアーしていく。活動の始めと終わりのあいさつと私の質問には必ず答えてくれた。次回の予定を決める時も、なるべく近くの日を彼は選んだ。私との活動は嫌ではないようだ、と安心するとともにとてもうれしかった。

活動を重ねるうちに次第に彼のほうからゲーム中にアドバイスをするようになった。「この武器をこう使うといいよ。回復する道具はこっちにあるから、ついてきて」といって、私が困っていると助けてくれるようになった。敵のボスまでたどり着いた時も、以前なら彼が急いで倒していたが、私が倒すまで待ってくれる時もあった。

六回目の活動を終える頃には、ゲーム以外の話も増え、目を見て話すようになった。私が冗談をいうと笑ったり、彼が冗談を返すこともあった。ただ、学校に関係する話題はつまらなそうに話をしていた。

一〇回目の活動を超えると、受験ということもあり、将来のことや勉強に関する話題が増えた。高校生活のこと、大学のこと、ボランティアのこと、アルバイトのことなど、たくさんのことを聞いてくれた。次々と質問してくるので、私はとても驚いたことを覚えている。私が答えるのを興味深く聞いてくれた。知らないことには目を輝かせた。彼は虐待を受けた子どもを支援する仕事や、スクールカウンセラーなどの仕事に興味があると話してくれた。心優しい彼にとってピッタリだなと思った。

最後のほうの活動では、ゲームをするのではなく、一緒に料理をすることもあった。この時も私がうまくできずに困っていると「道具を貸して……」といって手伝ってくれたり、私が気を遣わないようにお皿に盛ってくれたりした。また、学校に関する話も楽しくするようになった。友人とカラオケに行ったことや、テストのことなどを話してくれた。今まで学校の話はつまらなそうにしていたが、自分から明るい表情で話をしてくれたことには驚いた。しかし、それは学校生活が充実しているという証拠であるので、うれしくもあった。

不安が大きいまま始まった活動であったが、次第に彼が心を開いてくれ、充実したものとなっていった。

（向原ひろみ）

## (3) 新しい視点を学んだメンタルフレンド活動（中二女子と交流）

私が感じたメンタルフレンド活動の魅力は「ただ一緒に遊ぶこと」「目の前にいる子どもとの時間をもつことができること」の二点である。最初はそれだけでよいのかと思っていた。困っている子どもの問題や悩みを解決してあげなくては……、と一人気負っていた。

初回の研修会で「素人だからできることがある」と聞いた時は少し拍子抜けした。素人の自分に何ができるのか。その答えは教職に就いた今になって初めてわかった。

私の活動は子どもと一時間バドミントンをすること。疲れたら体育館の床に座って、たわいのないことを話して笑う。他に何をする訳でもなく、いつもの繰り返しで活動は終わる。しかし、活動を重ねるにつれて子どもに変化が現れる。はじめメンタルフレンド活動のためだけに登校した子どもは活動が終わるとすぐに帰宅していたが、だんだん活動後にも教室に残るようになっていった。教室に残れるようになってからも、はじめは緊張し落ち着かない様子であったが、気づけば、穏やかな表情になっている。いつしか学校行事にも参加するようになっており、その変化に私は驚いてしまった。

現在、私は幼稚園で日々仕事に励んでいる。幼稚園にも教室の環境に適応できない子どもや、友だちと関係をつくれない子どもがいる。そんな子どもたちが飛び込んでくるのが職員室である。無邪気な笑顔で「じゃーん！」とやってくる子どもに思わず笑みがこぼれる。

私が「なにがしたい？」と声をかけると、子どもは絵を描き始めたり、メモ立てで遊んだりと自由に職員室で過ごす。とくに言葉を交わすことはなく、その隣で私は同じ遊びをして時間を共にする。しばらくして、遊びに満足した様子の子どもは一人で部屋に戻っていく。

また、思い通りにならないことがあると言葉にできないもどかしさから手を出してしまう子どもがいる。私はその子どもと毎日決まった時間に職員室で遊ぶことになっている。職員室で遊ぶと落ちついて友だちの輪の中に入っていけるようだ。その後は友だちと楽しく遊ぶ姿が見られる。

先生と呼ばれるようになって、いつの間にか子どもを集団の中の一人として見るようになってしまった。教室から飛び出してしまう子どもを「みんなとは少し違う子ども」と思っている自分がいる。しかし、同じ子どもなどいない。たまたまその子どもが教室から飛び出してしまうだけなのだ。そんな子どもたちの気持ちを理解するために一対一の時間は必要である。

四〇〇人を超える子どもがいる幼稚園で、一人の子どもに対してまとまった時間を作ることは難しい。しかし、子どもにとって一対一の時間が心の支えであり、心を落ちつかせ、気持ちを休めることのできる時間になっていることは確かだろう。子どもとの関わりを通して学び、気付くことができた。

メンタルフレンド活動は新しい視点を教えてくれた。「学生の頃の自分」と「教職に就いた現在の自分」別の角度から見ることで物のとらえ方が大きく変わってくることを実感した。この先さまざまな子どもと関わっていくだろうが、私が立ち返る原点はこのメンタルフレンド活動だといえる。

（内藤文菜）

## (4) 隠された気持ちをくみ取る（中二女子と交流）

「私を受け入れてくれるだろうか。」

初めて雅美（仮名）との顔合わせの日、これから始まる活動への期待よりも、不安や緊張で押しつぶされそうだったことを今でも覚えている。

こんな心境で始まった私と雅美との活動は、週に一度、一時間、学校の正面玄関を入ってすぐのところにある部屋で行われた。その活動の中心は、マスコット作りだった。

出来上がりが一〇センチほどのフェルト生地のウサギとクマのマスコット。雅美は、そのキットを百円ショップで探し、活動日に準備してくれていた。「年内に完成させる」という目標を二人で決め、活動があるたびに作った。マスコットを作りながら、趣味、特技や最近あった出来事についてたくさん話をした。当初の不安や緊張はいつしかなくなり、ついつい会話が弾みマスコット作りをしている手が止まってしまうことが何度もあった。マスコット作りという活動の中のその会話が子どもと私の関係性を築き上げることにつながったと思っている。

マイペースながら順調に進んでいった活動の中で、悩んだこともあった。それは、数回目の活動でのこと。雅美が活動を二回続けて休み、会えなくなってしまった。当時の私は、真っ先に「私との活動がもう嫌になってしまったのではないか」「やはり私が受け入れられていなかったのではないか」と思い、初めての活動の時に抱いた不安な気持ちに戻ってしまった。

結局、活動に来なくなった理由は、活動そのものに問題があったのではなく、活動時間が早く始まることに不満があったからだった。その不満を言葉ではいい表せず、休むという行動で表現していたのであった。私は、雅美が活動に来ないという事実しか見えておらず、その事実の背景に隠された雅美のほんとうの気持ちをくみ取ることができていなかった。くみ取ろうとも考えていなかった。相手のことを考えているつもりではいたが、いつの間にか一人よがりの活動になってしまっていたことに気が付き、ハッとさせられた。

その後の活動では、「相手の気持ちをくみ取る」ということを意識し、これを大切にした。すると、このわずかな意識の変化で雅美との関係は大きく変わった。

一つめに、「嫌だ」「疲れた」など活動中に否定的な主張ができるようになった。

二つめに、それまでマスコット作りが中心で、比較的動きの少ない活動であったが、それに、動きが加わってきた。ソファに寝転ぶようになったり、歌を歌ったり、バスケットボールをしている真似をしてみたり……。

雅美の中に隠れていたほんとうの姿が引き出せたようでとてもうれしく、感動した。雅美との関係が一段と強くなった気がした。

私がメンタルフレンドとして活動をしてきた、「週に一度、一時間」という限られた時間は、楽しいこと、うれしいことをはじめ、感動や不安や寂しさ、緊張や戸惑いなどほんとうにさまざまな感情がギュッと詰まった「一時間」だった。関われば関わるほど雅美のほんとうの姿が見え、成長や変化を肌で感じることができた。そして、その成長や変化と共に自分自身も成長することができた。

一人の子どものことを思い、寄り添うことができる、それも、長期にわたって関わることができる。このような経験は今後あまりできないと思う。私にとってほんとうにかけがえのない時間であった。

（林　穂乃佳）

## 2　私を待っている子どもたち

### (1)　今日は何して遊ぼうか（小五女子と交流）

「最初はグー！」と拳を出されたら、あなたはどんな反応をするだろうか？　つい、拳が前に出て「じゃんけんポン！」の合図でグー・チョキ・パーを出してしまうのではないだろうか。だれもが知っていて、だれもが簡単に遊べる、そんな魔法のような合言葉。

「遊び」って何だろう。活動を始めた頃は、何か事前に準備をしておかないとその日の活動が不安で、「あの子、これ好きかな」「これで一緒に遊んでみたいな」と、折り紙やトランプ等、準備できるものは持っていくようにしていた。しかし、活動を重ねていくと、遊びの内容は変化していった。私が準備するのではなく、子どもが遊びに使う道具を、リュックサックにたくさん詰めて持ってきてくれるようになったのだ。二人でルールを決めたり、二人の共同作品を作ったりすることもあった。不安だった活動も、「またあの子と遊びたい」と心が弾むようになっていった。

遊んでいる時は、「この子は、なぜ学校に行けないのだろうか」という気持ちになったこともあった。とくに、年二回行われるハッピー・フレフレパーティーでは、毎年来てくれる子どももいるが、ほとんどが初めての出会いであり、初めて遊ぶ子どもたちだ。初めは緊張していた子どもたちも、時が経つと笑顔で、明るく無邪気な姿になっていく。この姿からは登校できない子どもであることが不思議でならなかった。しかし、このパーティーでの子どもが生き生きしているのは、メンタルフレンドが創り出す会場の雰囲気だけでなく、「ナナメの関係」も関係しているに違いない。遊びには、不思議な力がある。子どもだけでなく、メンタルフレンドもクタクタになるまで遊んでしまうのだから。

遊んでいる時は、いつも真剣勝負だ。だから、子どもも挑んできてくれた。活動を始めた頃は、「ちょっと手加減したほうがいいのかな」「私が勝ち続けると怒っちゃうかな」という心配があった。しかし、そんな心配は必要なく、子どもは「いかにこのお姉さんに勝とうか」と挑んでくる。そして、「子どもルール」が飛び出してくる。だからこそ、一緒に遊んでいて楽しくなり、新しい発見や変化が生まれる。子どもは、私に勝った時、満面の笑顔でお得意のダンスを踊り喜んでいた。

ある日、子どもをびっくりさせようと、私がズルをしたことがあった。わざとフライングをして勝つと、すかさず子どもが私に「ズルーイ!!」と大きな声で大ブーイング。それでも、怒ったりしないで笑っていた。たった一回だけだったが、「もうズルしたらだめだよ」と私は注意された。どっちがお姉さんかわからない。メンタルフレンドと子どもの関係は、実に面白いなと感じた。

メンタルフレンドと子どものマッチングや出会い方はさまざまで、ちょっとした運命の赤い糸のようにも思う。遊び方も、メンタルフレンドと子どもによってさまざまである。私たちの活動は「今日は何して遊ぼうか」という会話から始めることが多かった。いつも子どもが、「今日はこれ!」

と活動を楽しみにしてくれているのが伝わってきた。あの温かい雰囲気に、私の心も救われる思いであった。

私は、現在、小学校の養護教諭として勤めている。元気のない子どもを見ると、「最初はグー」と拳を出す。すると、子どもも拳を出してくれる。それだけで、子どもとの心の距離が少し縮まったように感じる。今日も、子どもたちが笑顔になれるよう、子ども一人ひとりを見守っている。

（闞　千春）

## (2)　かけがえのないナナメの関係（小六女子と交流）

私の出会いは六月。どんな子だろうかと思いながら学校に向かうと、由美（仮名）はもう保健室で待っていた。緊張している私に「どうぞ」といって席をすすめてくれた。これが由美との初対面だった。それから、私たちの活動が始まった。活動はいつも学校で行っていた。最初はおとなしく、口数も少なく、いつも私の一歩後ろを歩いていた。楽しいと思ってくれるだろうか、仲良くなれるだろうか不安もあったが、由美は、私との約束がある日は、活動に間に合うように登校した。そして、活動が終わるとすぐ帰っていくのを知り、自分だけに会いに来てくれているように感じてとてもうれしかった。

学校での活動は、主にコンピュータルームで行っていた。ある日、今日もコンピュータルームで活動するのかと思いながら学校に向かうと、由美に「忍者みたいに学校中を探検しよう」といわれた。私が忍者のように手裏剣を飛ばす真似をしたり、腰を低くして歩いていたら「そういうことじゃないです」とつっこまれた。由美がいいたかったことは、「忍者のように存在を消して」という意味だったようで、真剣に忍者の真似をする私を見ていつまでも笑うのももっともだ。恥ずかしかったが、彼女の優しい笑顔を見ることができて、温かい気持ちになった。

夏休みには、一緒に花火大会に出かけた。由美の方から私を誘ってくれて実現したのだが、誘ってくれた時はとてもうれしかった。花火大会まであと何日か。当日はなにを着ていこうかなど、自分もこのメンタルフレンドとしての活動をとても楽しみにしていた。当日、会場は大勢の人で賑わっていた。私は大きな花火大会に行ったことがなく、人の多さに圧倒されていると「こっちです。私についてきて……」といい、初めて私の前を歩いた。私は離れないようについていくことで必死だったが、由美の小さな背中がとてもたくましく見えた。どちらがお姉さんなんだろうと思うくらいしっかりしていた。そして、その後の活動では彼女は私の一歩前を歩くようになった。

二月には、家庭科室でバレンタインデーのチョコを二人で作った。意見を出し合いながら、一緒に材料を混ぜ、デコレーションしてチョコを完成させた。作っている時は、不器用な私を見かねたのか、たくさんアドバイスをしてくれた。完成したチョコは、お互いに交換することになっていたのだが、彼女からの提案で、お互いの好きなところ、いいと思うことをいってから渡すことになった。改めて気持ちを伝え合うことを、私は少し恥ずかしく感じた。だがまっすぐに私の目を見て、気持ちを伝えてくれることがこんなにもうれしいのかと感じた。

学年末最後の活動の日、「楽しかったです」という言葉と共に手作りのクッションをくれた。別れはとても寂しかったが、最後にはいつもの笑顔を見ることができて安心した。

この一年のメンタルフレンド活動は私にとって本当に充実した時間で、彼女からはたくさんのことを学んだ。とくに、自分の気持ちを言葉にして伝えることの大切さ、自分を待っていてくれる人がいることがこんなにもうれしいことなのかということを教えてもらった。親でもない、友だちでもない、ナナメの関係で一人の子どもと向き合うことができたこの経験は、私にとってかけがえのないものとなった。

（宮地里枝）

### (3)　会えない日々、募る私の不安（中一男子と交流）

私は大学一年生の春、メンタルフレンド東海に参加した。メンタルフレンド活動を紹介された時、「こんなに重大で、責任を伴う活動が私にできるのか」と不安になった。それでも、少しでも苦しむ子どもの力になりたいと考え、参加を決めた。不安なまま参加した初回研修会で、その不安はすべて消えた。「活動はメンタルフレンド自身も楽しんで遊べばいいのです。登校を促す必要はありません。むしろ、自分で子どもをなんとかしようとは思わないでください」と世話人からいわれたからだ。この言葉は私にとって衝撃だった。プロのカウンセラーでも、養護教諭でもなく、学生である私たちができる活動であると聞き、自信と活動への期待が高まった。

夏の宿泊研修を終え、その年の秋に初めてメンタルフレンドとして活動した。その時、消えていたと思っていた不安が再び頭をもたげた。初顔合わせまでの数週間は、どんな子なのだろう、何が好きな子だろう、どんな活動にすればいいのだろう、といろんなことを考えた。自己紹介カードを作って準備し、話題に困らないようにと図書館でクイズの本を数冊借りた。世話人に本人の特徴などを何度も聞きに行ったりした。それでもいざ活動の日が目前に迫ると、とても不安になった。

初めての顔合わせをする日がきた。学校へ向かう電車の中で私はとても緊張していた。「こんな人がメンタルフレンドだなんていやだ」といわれたらどうしようと不安な自分と、子どもに会えるのが楽しみという自分が共存していた。私が学校に到着した時、緊張と不安からか子どもが帰宅してしまっていた。不安なのは私だけでなく、子どもはもっと緊張しているのだと気づいた瞬間だった。しばらく待っていると、再び登校してきて、対面することができた。うれしかった。やっと会うことができたのだ。私は不安そうな表情の子どもを見て、楽しいと感じてもらえる活動にしたいと心から思った。

それから月に二回の活動がスタートした。会うたびに、彼のことを知っていくことがうれしかった。そして、彼が周りの雰囲気を敏感にキャッチしていることを知った。彼がたくさんの悩みや葛藤を抱えていて、苦しんでいることも知った。私はできるだけ、彼の愚痴や不満を受け止めて、面白い時は一緒に笑った。

しかし、私の願いとは別のところで彼の悩みは続いていたようである。年が明けて二月頃から、彼が学校へ来なくなり、活動ができなくなった。会えない日が続き、とても心配になった。今ごろ何をしているだろう、元気かな、また会いたいな、と考えた。私の活動が悪かったのかと、不安になった。結局、年度末になってしまい、再び会うことはなく活動が終了した。

この約四カ月の活動を通して、私は多くのことを学んだ。たとえば、彼は私の想像以上に敏感で、いろんな悩みを抱えていたということだ。活動を通して、学校のことや、友だちのこと、親のことなどいろんな話を聞いた。いくつかの悩みはお互いに絡まりあっているようで、私にも解決方法が見つからなかった。しかし私は、彼の悩みを解決することはできなくとも、二人が楽しく夢中になれる活動がしたいと思った。

私は現在、次の子どもと活動をしている。とても感性豊かでいろんな話をしてくれるので、毎週の活動が楽しみになっている。子どもも活動が楽しみだと思っているようだ。今回の活動は、前例の活動で学んだことを生かして、ひと回り成長したお姉さんとして活動していきたい。（千葉春佳）

## 3　メンタルフレンドさんが来て、私の子どもに笑顔が戻った

### (1)　家族もまた悩んでいる

メンタルフレンドは、子どもと関わることを主としている。それが学校訪問や家庭訪問の形式をとっているとしてもそのスタンスは変わらない。しかし、メンタルフレンドの話を聞いた時、そし

て派遣されると決まったその時、子どもがメンタルフレンドに対して「どんなお兄さん、お姉さんが会いに来てくれるんだろう……」と思いを馳せるのと同時に、保護者もまた、さまざまな思いを馳せるのである。そこにはすでに〈メンタルフレンドが起こす風〉が家庭の中に存在している。学校に行けない子どもたちが悩んでいるのと同じように、親もまた、悩んでいることを忘れてはいけない。ここでは、家族の想いに焦点を当てて、メンタルフレンド活動を紹介していきたい。

現代社会において、学校に通うことはあまりにも普通のこととして認識されている。そこから生じるのは、学校に毎日行くことは当然で、他の子どもたちは皆それができていて、学校に行かないことは将来的に大きな損失を招くという観念である。一方で、暗い表情のわが子を見ると、本当に学校に通わせ続けることが子どもの幸せなのかとわからなくなる。この二つの観念の葛藤が、親の苦悩の裏にあるのではないだろうか。優しく、時に厳しく、子どもに学校に通う大切さを説明した方もいれば、放っておいたほうがいいのかと悩んだ方もいる。また、自分の育て方が悪かったのかと自分を責める方もいた。そのような中で、変化のきっかけとして、いわば「藁をもつかむ想い」でメンタルフレンド活動を利用し始め、僅かながらにも希望をもっていただけた方が多くいたように感じている。

精神療法の一つである家族療法では、個人の抱える悩みは、家族全体の悩みととらえるべきだと考える。つまり、不登校状態にある子どもは、家族になんらかの影響を与えており、逆に、家族もまた、子どもに影響を与えているということになる。もし、そこで悪循環が起こってくるとすれば、親も子も、より一層大きな傷を抱えていくことになってしまう。この中で、変化を起こすというのはそれだけエネルギーが必要であり、大変な過程であってもおかしくない。

子どもが本当に苦しんだ時、そばにいるのは親しかいない。子どもを守っていくという『保護機能』は、親だからできる唯一の機能といえる。ただ、不登校という問題を前にした時、子どもは家庭と学校の狭間で揺れ動いており、保護機能だけで解決することばかりではない。そこで、メンタルフレンドという『第三者機能』をもった存在が意味をなすのである。

## (2)　第三者としてのメンタルフレンドのはたらき

まず、メンタルフレンド利用にあたって、保護者が当たり前に感じるいくつかの抵抗感に触れておきたい。何か特別なことをするのか、本当にこの子に必要なのか、と複雑な気持ちが起こったといわれる方は少なくない。子どもが少しでも元気になってほしい、この点については、親も、学校も、メンタルフレンドも同様なのである。ただ、子どもの心のどの部分に触れるかに違いがある、と私は思う。

メンタルフレンドの役割の一つは『ともに緊張する』ところにある。家族ともクラスメイトとも違う第三者と出会う時、子どもは不安を感じるし、緊張もする。メンタルフレンドもまた、不安で緊張している。何を話せばいいのだろうともじもじし合っているうちに活動が終わることさえある。学校ではクラスメイトにからかわれるかもしれないが、メンタルフレンドは、馬鹿にしたりせず、逆にメンタルフレンドが自らの不安や緊張を口にする。親や学校の先生では、このようなことは起きにくい。メンタルフレンドは、親や学校の先生のように子どもの扱いに慣れていないのだ。子どもは、同じように不安や緊張を感じる身近な存在としてメンタルフレンドを発見し、同時に、不安や緊張を上手に表現する見本としてメンタルフレンドを受け止めていく。完璧でないからこそ引き受けられる役割の一つであろう。そしてそれが、いい方向に働くようだ。

別の側面は、子どもの『こうありたい自分』を具現化させる役割である。親の前では安心して甘えられる子どもも、初対面のメンタルフレンド相手にはすぐに甘えることなどできない。むしろ、少し強がってみせることや、すました顔をしだすことが多い。事実、ほとんどの子どもは、学校に行けないことを話題にすることなく、元気になっていく。メンタルフレンドも、遊ぶことに集中するため、こちらから悩みを聞きだそうとはしない。子どものほうから話したければ、それを話題にはするが、大抵の場合は解決策を考えるよりも、その思いを共感的に受け止めるよう努める。この関係は、クラスメイトとの友だち関係に近い。自らの思いを率直に伝え、それをメンタルフレンドと共に味わい、乗り越えることで、子どもは「そうなんだ、私もそれなりにやれるんだ」と家庭以外でも何とかやっていける自信を取り戻す。そこには、親に甘える子どもはいないし、大人の価値観でいう優等生もいない。ただ、こうありたいという子どもの主体だけが、メンタルフレンドとの関係で元気になっていく。これをいい換えれば、自己効力感や自己肯定感といった言葉になるのだろう。

当然のことだが、メンタルフレンドは親の代わりや学校の先生の代わりにはなれない。しかし、友だちにはなれる。学校に通うことになれば、やがて友だちの枠はクラスメイトで埋め尽くされ、メンタルフレンドは過去の友人の一人となっていくことだろう。その過去の一人になることに大きな意味がある。メンタルフレンドの担う役割とは、そういうものだと私は考えている。

## (3)　笑顔のわが子

「メンタルフレンドさんが来る日、この子すごくテンションが高いんですよ。」

「メンタルフレンドさんが来る曜日だけ、自分から学校に行くっていうんです。」

「次はこれをして遊ぼうって、一週間前なのにもうそればかり。」

親から、こうした声を、うれしそうに笑顔で語られることが非常に多い。具体的に子どもがどう変わったのかを熱心に説明する方もいる。中には、「いったい、メンタルフレンドさんには何をしていただいたんですか？」と不思議そうに首を傾げられる方もいる。子どもとメンタルフレンドが話した活動内容は、基本的に親には秘密とされることが多い。メンタルフレンドは聞かれても即座に答えるわけではないため、一部の親は心配になるようだ。

しかし、秘密というのは、自立のために重要な一つの過程である。そこには、家族の中の価値観とは別の、その子自身の意思や価値観がある。子どもの自立というのは、親にとっては一抹の寂しさを覚えることかもしれない。「好き勝手に遊びに行くので、成長を感じる一方、目に見えないからこその不安もありました」と打ち明けてくれた方もいた。ところが、最初は気にされる方も、子どもが楽しそうに笑う声や、活動前後のテンションの高さを見ていくうちに、気にならなくなっていくことがほとんどである。親にとって、子どもが元気でいることが何より大切なのだろう。

親の目の届かないところで成長していく子どもと、子どもの成長を信頼して任せる親の態度は、とくに小学校高学年から中学校卒業までの子どもには大切になる。もし、メンタルフレンド活動を利用していくうちに、秘密の活動について不安に思われることがあったら、少しの間ぐっとこらえてもらえると幸いである。子どもの笑顔がその不安への特効薬になるようだから、注目してほしい。

また、メンタルフレンド活動が親を支える側面を指摘したい。おそらく、不登校という問題に真摯に向き合ってきた親は、自分のことを後回しにしてこられた方が多い。そのような中で、メンタルフレンドがやってくる一時間ほどは、親もまた、自由の時間として使える時間にもなりえる。実際に、一時間の間、自分の時間ができたことで、少し力んでいたことに気付いた、心に余裕ができた、と話される方もいる。心に余裕がなければ、子どもの笑顔に気付くこともない。親もまた、子どもからの精神的自立の課題に立ち向かっているのである。

最後に、メンタルフレンド活動に見守られた親のある言葉を紹介したい。

「私は、子どもを守ってあげる、かこいを作ってあげることをしていました。でも、それだけじゃダメなんですね。家族以外のだれかに認めてもらう経験が、あの子には必要だったんです。学校のことは今でもあまり話してくれないです。でも、知らないところでこの子は成長してるんですね。」

子どもはメンタルフレンド活動のみによって成長したのではない。むしろ、家族がこれまでしてきたさまざまな取り組みや、子どもの成長する力によって、メンタルフレンド活動が支えられているといえよう。同時に、メンタルフレンドは、空気の流れが滞った家庭にちょっとした風を送り込むことで、家族や子どもの力を支える役割をもつ。メンタルフレンドは万能ではなく、多くの方と共同する一人に過ぎないのだ。

（佐治恒佑・戸田和憲）

## 4　集団活動としてのハッピー・フレフレパーティー

『みんなフレンド、みんなでふれあい、フレンドシップを深めよう。みんなフレフレ!!』

これを合言葉に、たくさんの出会いの場となるよう、そして何よりも子どもたちに笑顔で楽しい一日を過ごしてほしいという願いをもって企画したお楽しみ会が『ハッピー・フレフレパーティー』である。

ハッピー・フレフレパーティーは、「メンタルフレンド東海」が関わっている東海市内の小中学生を対象としている。普段の活動では、子どもと一対一の関わりだが、ハッピー・フレフレパーティーは集団の場となっている。参加をする子どもたちの中には、家族以外の人との関わりや集団活動をした体験があまりない子どももいる。彼らは、集団の体験の中でしか得ることのできない楽しさや喜び、みんなで一つのことをやり遂げる達成感、充実感などを味わう機会も少なかったのではないかと思う。それはとても残念なことであるし、ここでぜひ味わってほしい素敵な体験ができるという思いがあった。

そこで、ハッピー・フレフレパーティーの企画をする際には、子どもたちみんなが活躍できる場にする工夫を行うこと、特定の人だけでなくさまざまな人とへだてなく関わり合うことができるような活動内容を考えるようにした。たとえば、昼食づくりでは材料の買い出しも子どもたちと共に行く。勝手のわからないスーパーで戸惑うメンタルフレンドの先に立ち、子どもたちが率先して案内してくれる場面があった。「ギョウザ」や「ハンバーグ」、「いなり寿司」など、共同して作るメニューを取り入れた。「こうすると上手にできるよ」「こんな風にしたらどうかな？」とお互いに考えたり、教え合ったりしながら作る。そんな場面にいくつも出会った。ゲーム大会では、チーム対抗戦にしてチームの人と協力しながら作業をするものや、参加した人全員と関わり合いながら遊べるものにしようと意識して計画した。集団の輪の中にいる子どもたちは、笑顔いっぱいで楽しそうだった。

また、季節を楽しむ心を持ってほしいという思いがあったので、昼食のメニューには季節の食材を取り入れ、七月の活動では笹と笹飾り・短冊を用意し、子どもたちと共に飾りつけた。普段、笹を見慣れていないせいか子どもたちは喜んで飾りつけをしていた。短冊を書く時には、迷いながらもお願いごとを笹に結んでいる姿が見られた。「学校に行けるようになりたいです」「友だちがたくさんほしいな」「教室に入れるようになりたい」など短冊を見ると、子どもたちが普段は口に出してはいわないが、心の中で強く願っている言葉が書き表されていた。

ハッピー・フレフレパーティーで子どもたちの活動を見ていると、その成長に驚かされる。私が関わっていた子が参加した時のことである。初めて会った時は、ほとんど目が合わず、表情の乏しい子という印象だった。しかし、ハッピー・フレフレパーティーでの活動中にふとその子の表情を見ると、第一印象とは全く違い、生き生きとした笑顔を見せていた。学校では、思うように自分の気持ちを表すことができない子も、活動を通してだんだんとありのままの自分をさらけ出すことがある。その生き生きとした姿を見ると、「企画をしてよかった」とうれしい気持ちでいっぱいになる。

ハッピー・フレフレパーティーを企画するにあたって、たくさんの願いやねらいを持って企画をしている。しかし、その根底にあるのは「こんなことをしたら喜んでくれそうだなぁ」「これをみんなでしたらきっと楽しい！」という気持ちである。子どもたちを「楽しませてあげる」ではなく、「共に楽しむ！」という気持ちで活動をしている。そんなあたたかな空間の中で話をして、笑って、遊ぶ体験を通して、集団の中に自分の居場所があることを子どもたちに感じてほしいと思う。そして、ハッピー・フレフレパーティーでさまざまな年齢の人と関わった経験が他の場所で、他の人と関わる時の勇気に繋がっていくことを願っている。

（林　優花）

## 5　周辺の活動

### (1)　親の会

不登校の子どもをもつ親にとって、学校の敷居は高いといわれている。また、学校に行かない子どもをもつ親が学校に進んで相談に行くということは少ない。子どもは学校に行くのが当たり前と思われているだけに、学校に行けない子どもをもつ親にしてみれば、子どもと同様、学校へはあまり足が向かないというのが本音であろう。

実は不登校の子どもと同じで、その親たちも本当は不安であり、どのようにしたらよいのか、だれかに相談したい、どのようにしたらよいのか教えてほしいと願っている。そのことを不登校の子どもの親の面接をしていて感じていた。そんな親と会っているうちに、「親の会」の立ち上げを考え、管理職にも相談して開催した。

大きな集まりにするねらいはなく、例会は毎月一回、同じ曜日、時間、場所で開く。参加者は、自分の都合のつく時に参加し、途中退席は自由、話したくないことは話さなくてもいい、話をしたくなった時話せばいいという自由な集まりである。いつも決まった曜日の決まった場所に行けば、だれかがいる。そこで親として今の気持ちを話したくなったら話す。その時に集まってきた人が話し、その話を聴く。そんな会にしたくて立ち上げた。そして、それがこの会の特徴でもある。ゆっくりとした時間が流れる。だれからともなく、「いいですか」と声が出る。「どうぞ」というと、おずおずと子どもの様子を話し始める。「子どもに大きな変化はないが、こんなことをいった。こんなことをしてくれるようになった。家族の中で、こんなことがあった」など、小さな変化ではあるが、確かに変化しているそのことを親は口にする。親と子が、父親と母親が、祖父母と母親が、それぞれの間に問題を抱えている。それは子どもが学校に行けないことに端を発している。しかし、何とか子どもがその子らしく生きていける方向へ向かってほしいと願う。そして、何をするとよいのかを必死で考え、家族が向き合う姿をぽつぽつと話す。また、それを聞いていた参加者から、実はうちでも……、という声が出始める。参加者が我がこととして耳を傾け、しっかりと聴き仲間を支えている。

親の会は、スクールカウンセラーの協力も得て、不登校児の親たちの大きな支えとなってスタートした。教師にも指導者としてではなく、親の気持ちを聴くことに専念してもらった。学校に行くことのできない子どもをもつ親にとって学校の敷居が高いと感じるのは、学校というものに負い目を感じているからである。子どもを学校に出すことのできない親という視線にさらされることの怖さや、このまま学校にずっと行くことができなくなってしまったらという不安。先生に相談したいがそれができないという状況の中での親の会である。辛い気持ちを漸く言葉にできた時、その思いは堰を切ったように流れ出てくる。

多くの親たちの言葉として「暗いトンネルに入ってしまった感じがする。長いトンネルです。光が見えないんです。どうしたらいいのですか」と問われることがある。どの親にも、この気持ちがある。やっとの思いで口にした自分の気持ち。母親は、自分の育て方を悔いる。自分の育て方が間違っていたのかもしれないと。

親の会の世話人として大事にしてきたことは、「どの親だって、自らの子育てに自信をもってやっているわけではない。が、わが子がいい子に育つようにと育ててきたつもりである。今、子どもが自分の気持ちをようやく不登校という姿で表現してくれたのだから、これを機会に親としてどう接するかを親子で話し合ってほしい。そして、一緒に子どもの成長を願いましょう」と伝えることである。人生も子育てもやり直すことはできない。しかし、これからの子育ては、今考えていけばいい。試行錯誤しながら、子ども自身に聞き、また、周囲の人生の先輩方にも聞いて進めればいい。教師も親と一緒に子育てしていけばいい。

親の会を続けてきてうれしいことがある。それは、かつての不登校児がこの会に参加したことである。自分のことで悩み苦しんでいる親が参加している会に、子ども自身が出席し、自分の気持ちを伝えてくれる。時に大人の考えに鋭い子どもの意見が飛び出すことがある。大人として、どきっとする場面である。また、素直に自分の辛いことやうれしいことの報告もしてくれる。

学校に行く、行かないという問答ではなく、子どもの気持ち、親の気持ちを素直に出せ、また聴くことのできる会が親の会である。

## (2) 不登校生徒による不登校生徒のための進路ガイダンス

「高校ってどんなところ」と不登校の子どもが聞いてきたことがある。「高校へ行きたいの？」と聞くと「うん、でも……」と顔を曇らせ、口ごもってしまった。この時、今、目の前にいるこの子は、中学校には行けてはいないが、他の子どもと同じように「高等学校」へ行きたがっていることを知った。

三年生の担任に「恵子さん（仮名)、高校に行きたいっていっていましたよ」と伝えると、「中学校にも来なかった者が高校に行きたい？　高校に行きたければ、まず毎日学校に来ること！」とあっさりといわれてしまったことがある。この時の担任は、この子どもに対して、「何をバカなことをいっているのか」というとらえ方で言葉を返された。このやりとりは二十五年ほど前のことである。子どもはごく普通に高等学校へのあこがれを抱いていただけだが。担任の反応を聞いたとたん、さびしい気持ちになった。

不登校の子どもたちを見ていて感ずることがある。それは、「今の自分ではない自分に変わりたい」という気持ちをもっているということである。今は、学校に行くことができていない自分、まだ動き出せていない自分であることを承知の上で、「変わりたい」と真剣に思っている。今の自分から脱したい。新しい環境の中で、新しい自分に生まれ変わりたい。この気持ちを不登校の子どもの多くが一度は抱く。登校ができなくて、両親に心配をかけている自分。友だちになりたくても声を出せないまま一人でいる自分。決してこれを「よし」とはしていない。だからこそ、変わりたいと願う。
高等学校へ行くことで、これまでの自分とは違う将来が見えると信じている。そんな期待が「高校ってどんなところ」という問いには秘められている。

「その学校はどこにあるの」「どんな生徒が入学してくるの」「中学に行っていないけど勉強についていけるのか」「どんな授業なの」等と、次から次へと質問が出てくる。それに対して「私の学校は……です」「制服は何通りの着方があるんです」「作法の時間があって、お茶をたてています」「中学に行けていなかった人がずいぶんいます」「中学の学習から教えてくれます」など、かつて不登校だった生徒が、今不登校の子どもたちの進路の相談に親身になっている。それが「不登校生徒による不登校生徒のための進路ガイダンス」の始まりである。たまたまメンタルフレンドの世話人が手弁当で始めたこの進路ガイダンスも年を重ね、徐々に参加者が増える中で、校長会の進路担当部が中心となって、この集まりを引き継ぐことになった。ささやかなボランティアの会がやがて組織として引き継ぐ会にまで成長した。夏休みに入った最初の土曜日が「進路ガイダンスの日」となり、毎年開催されるまでになった。この会には、三年生だけではなく、一、二年生も、また市町を越えて参加する人も増えた。

この会の特色は、不登校の子どもの進路問題を不登校の担当者だけで対応しているのではないところにある。また、パネリストとして、不登校経験者やその家族がとても苦しかったその時のことを語ってくれる会である。

不登校の子どもも、その学校の在籍生徒である。忘れられては困る。学校の生徒の一人として、現在不登校であっても、この一人の生徒の進路をどのように考えていくのか。それは学校あげての進路指導でなければならないと考える。決して不登校の担当者だけが関わるものではない。不登校生徒のいろんな問題を忘れてはならない。

この会の運営で大切にしていることがある。それは、進学相談会ではないことである。不登校経験者が進む学校を紹介する会ではない。子ども自身が自分の進路をどのようにして決定していくのか。家族はどのようにして子どもを支え、また親としての葛藤を乗り越えていったのか、最後はどこで折り合いをつけていったのか、などを語る会である。パネリストの親の一人は、「昨年はフロアーで話を聞かせてもらいました。夏休みに親子でいろんな学校を見に行きました。相談もしました。まだまだ不安はありますが、何とか今年、○○調理専門学校に決まりました」と親子で一緒に乗り越えた体験を語ってくれた。

この会を毎年開くためには、自分の体験を話してくれる人が必要となる。中学を卒業し、高校へ行ったからとてすぐに人前で自分の苦しかった過去を話せるものではない。時間と共に自分の中で不登校の経験を反芻し、新たに挑戦できるものができてきた時、初めて自分の過去を話しても大丈夫といえる時が来るようである。そんな人がこの会に協力してくれている。かつてはこの会の聴衆だった人がパネリストにもなっている。フロアーで聞いていた人が、その後壇上で自分を語ってくれる。この会は、本当に人を大きくしてくれる会である。

（大原榮子）

# 第Ⅲ章　私たちの支援

## 1　学校へ戻ることだけを願わない

メンタルフレンド東海は民間ボランティア活動として二〇年を歩んできた。不登校の子どもたち、学校には行けても友だちがいない、教室に入れない、そんな子どもたちにメンタルフレンドを派遣してきた。

メンタルフレンド活動で、大切にしているいくつかの原則がある。子どもが「メンタルフレンドがほしい」といわない限り、メンタルフレンドを派遣することはしない。周囲の思惑から希望が出されても、子ども自身が希望していることが条件である。

次に世話人としてメンタルフレンド派遣の決定をする手続きがある。まず、子どもと面接する。これを通して学生で対応できるかどうかを見立てる。子ども、家庭、学校の状況も多様である。この見立ての過程で、問題が見つかることがある。まず子どもの問題でいえば、二者関係を創ることができる子どもであるかどうか。学生をよく知っている世話人は、マッチングにあたって考慮する。やがて担当する学生が決まるが、その後の活動は子どもとメンタルフレンドの二者で創り上げていく。ともかく学生のボランティアによる活動である。「楽しい」が活動のキーワードである。子どもにとっても、メンタルフレンドにとっても「楽しい」活動が条件でなくては続かない。子どもの中には、専門的・医療的ケアの必要な例があるが、そういう子どもは学生には荷が重い。世話人は、この判断を行う。

家族はそれぞれに期待や注文がある。家庭訪問を中心とした活動の場合、メンタルフレンドは家庭教師ではないし、子守りでも、留守番でもない。学生が訪問したことを幸いとして、幼い子どもの世話を頼んだり、留守を任せようとしたりする親もいるが、それには対応しない。かつて、まだおむつをしている子をメンタルフレンドにあずけたまま、夜の仕事に出かける例があった。親の仕事のことをいうのではない。子どもとの活動時間に、親が不在では何のためのメンタルフレンド活動であるのかわからない。これも面接にあたって確認すべき必要な内容である。つまり、親に活動の意味や、その内容を理解してもらうのである。

学校についても同様の問題がある。事例によって、当然学校が対応するべき場合がある。子どもが登校できない期間が長くなると担任も苦しくなる。といって子どものすべてをメンタルフレンドに丸投げ（全面依頼、指導放棄）は困る。かつてメンタルフレンド活動を学校でしていた子どもがいた。その子が学校に行くことができなくなり、やむを得ず家庭訪問に切り替えた事例があった。その時、担任はメンタルフレンドに「子どもの家に行く前に学校に立ち寄ってください」と声をかけた。メンタルフレンドはいわれるまま、学校に立ち寄った。すると担任から「これ、○○さんに届けてください。その返事も聞いてきてください」といわれた。メンタルフレンドはどうしたものかと、世話人に相談した。担任には他意はなかろうが、担任のお使いではない。担任には担任の役割があり、メンタルフレンドにはその役割がある。安易な「ついで」に、学生は疑問をもったのである。

確かにその子どもは、メンタルフレンドとは初対面から意気投合して楽しい時間を過ごしていた。しかし、担任が一生懸命関わろうとしても、なかなか担任には会わない子ども。そんな中で、担任がメンタルフレンドにさせてはいけないことがある。それをするとメンタルフレンドが、担任としての役割放棄の片棒をかつぐことになる。子どもにたった一枚の書類を届けることも、子どもの意見を聞いてくることもそれほど難しいものではない。しかし、その担任のすべき役割をメンタルフレンドがしてしまえば、子どもはどんな気持ちになるのだろうか。

担任には担任の役割がある。メンタルフレンドはその代行を一切しない。便利屋さんではない。それを混同することは、担任だけでなくメンタルフレンドへの信頼も同時に失うこととなる。

適応指導教室で行っている活動についても、同様のことがいえる。メンタルフレンドは子どもと遊びを通して楽しむのが仕事である。ある日、子どもが学習している時にメンタルフレンドが訪問すると、教師に「ちょうどよかった。いいところに来てくれました。子どものノートの点検をしてください」といわれ手伝ってしまった。メンタルフレンドは報告書にこのことを書いた。すぐメンタルフレンドを呼んで活動趣旨を話したことがある。些細なことであるが、活動の本旨が全く違う。

このように、私たちはメンタルフレンド活動の中で、常に「メンタルフレンドとは何か」を自問するとともに、周囲にもこの活動を理解してもらうよう伝え続けてきた。ボランティア「メンタルフレンド」を守っていくためには、どんな小さなことでも世話人が直接相手と話し合い、理解してもらうことをしてきた。

メンタルフレンド活動は学生にしかできない活動である。その学生の気持ちも生かしていきたい。そして子どもたちには、いつか、同級生のいるところへ戻っていくことのできる子どもたちであってほしい。しかし、今はできないで悩んでいる。子どもたちには、メンタルフレンドとの出会いや活動が楽しい時間であり、人との関わりは楽しいものであることを知ってほしいと願う。

私たちの活動は、自主自律をモットーとしている。かつて教育委員会の依頼で、子どもたちでキャンプを実施したことがあった。当然、私たちは子どもが主役になるキャンプを目指した。学校で行っているものとは違ったものがしたいと考えていた。何か決められたことをこなすという活動ではなく、キャンプでは自分たちの手で自分たちの生活を創り上げていく共同作業にしたいと考えていた。たとえ時間がかかってもいい。一つのことにこだわってもいい。みんなと同じでなくてもいい。自分がしたいと思ったことを主張できたらいいと考えていた。この考え方でキャンプはスタートとしたが、やはり、これに加わった学校の先生方にはこのやり方への理解は難しかった。山の天候が急変して下山が遅れた時、宿に待機していた先生方は、親切にも子どものためにと食事を作り始めていた。実は、これもすべて子どもたちにやらせたかった。危機対応しながらも、子どもにできることは、子どもにさせるべきであると考える。

私たちは、民間のボランティアとして、それからはこのキャンプからは撤退した。（大原榮子）

# 2 活動のために学ぶ

## (1) メンタルフレンドに望むこと

どんな活動も、その生まれた社会的背景を抜きにしては、その意義を語れない。メンタルフレンドもまた同様である。楽しく遊ぶだけの活動のように見えるが、その意味を考えてみたい。

### ① 不登校の生まれる背景

子どもが不登校になって見えてくるものは、関係性の喪失である。学校に居場所を見つけられなかったり、対人関係や地域との関係の断絶があり、その結果の不登校であることが多い。それゆえに、家族、親からの自立に失敗してしまう。親が働いて子どもを食べさせていれば自然に子どもは育つという時代には、地域には母なる自然があり、同年から異年齢に渡る遊び仲間もいて、見守り、ある時は叱ってくれる大人もいた。当たり前にあったものが今はない。家庭に問題があっても、子どもが育つ環境があった。煩わしい親戚づきあいも親にとっては面倒であっても、子どもにとっては、親戚のお兄さんやお姉さんや年下の子どもに出会って、遊んでもらったり、遊んであげたりという得難い機会であった。お盆や正月の休み明けに子どもが成長するのはそんな経験が背景にあった。私がメンタルフレンドに描いているイメージはそういうものに近い。無償の関係であって、一緒にいること、遊ぶこと、それ自体が目的のような得難い時間。大人にとっては、接待とか煩わしい大人の関係があって嫌だったかもしれない。それで、そういう煩わしい前近代的な関係は社会的状況の変化もあり、減少していった。しかし煩わしく見える関係も、子どもの成長にとっては必要だったのだと、それも喪失して初めてわかる。

不登校はそのままではなかなか改善しない。ただし「不登校・引きこもりの生徒の心理的援助にあたっての目標は登校そのものではなく『生徒をエンパワーし、周囲との関係がとれるように』援助すること」[1]であり、そのためには「節度ある押しつけがましさ」[1]が必要である。また、学校も「『指導の結果登校する又はできるようになった児童生徒』に特に効果のあった学校の措置」[2]にあるように、危機感を抱きさまざまな対応をしているが、その核心は関係性の回復にある。

### ②　関係性の回復の一助として

メンタルフレンドはそのような状況の中で、関係性を回復していく一端を担うものである。親から友だちとの関係に移行していく時期に躓いた子どもたちにとっては、その移行の中間段階となるようだ。学校は集団としては関係性が単純なところで、先生・生徒や、上級生・下級生というタテの関係、同級生というヨコの関係、部活であってもタテの関係に近い。家では、親子関係、兄弟関係であるが、パターン化された毎日の暮らしの中で、案外コミュニケーション不全に陥っている場合も少なくない。不登校の好発期である中学生の時期は、親も職業上や生活上の困難にぶつかっている場合も多く家庭生活を顧みる余裕がない場合もある。さらに子どもに問題が生じると、親子の対立が表面化する場合も多い。そこでメンタルフレンドとナナメの関係を持てるのは大きな経験である。

### ③「会えてよかった」から始まる「楽しい」メンタルフレンド活動

メンタルフレンド活動の何が子どもを変化させるのだろうか？　活動は、遊ぶ、おしゃべりする、一緒に何かを作るということが中心で、それは遊戯療法に似ている。だが、「遊戯療法は単に子どもと遊んでいれば、子どもの心理的な問題行動は自然に治癒するといった類のものではない」(3)のである。しかし、世話人はメンタルフレンドを送り出す時に「楽しんでいらっしゃい」と声をかける。もちろん、世話人は遊びに専念できる環境を整備するためにメンタルフレンドの趣旨を学校や家族に説明したり、経過を見守る努力を怠ったりしてはいない。しかし、いくらボランティアとはいえそれでよいのか？　というのはメンタルフレンド自身もそれを感じるようで「『ただ一緒に遊ぶこと』……最初はそれだけでよいのかと思っていた」「『素人だからできることがある』と聞いた時は少し拍子抜けした」（第Ⅱ章1-(3)）と語る。しかし「不安そうな表情の子どもを見て、楽

郵便はがき

料金受取人払郵便

名古屋中局
承　認

2068

差出有効期間
平成28年12月
31日まで

4 6 0 - 8 7 9 0

4 1 3

名古屋市中区
丸の内三丁目6番27号
（EBSビル八階）

# 黎 明 書 房 行

## 購 入 申 込 書

●ご注文の書籍はお近くの書店よりお届けいたします。ご希望書店名をご記入の上ご投函ください。（直接小社へご注文の場合は代金引換にてお届けします。1500円未満のご注文の場合は送料530円，1500円以上2700円未満の場合は送料230円がかかります。）〔税8％込〕

| | | | | | |
|---|---|---|---|---|---|
| （書名） | | （定価） | 円 | （部数） | 部 |
| （書名） | | （定価） | 円 | （部数） | 部 |

ご氏名　　　　　　　　　　TEL.

ご住所 〒

| | | |
|---|---|---|
| **ご指定書店名**（必ずご記入下さい。） | 取次・番線印 | この欄は書店又は小社で記入します。 |
| **書店住所** | | |

# 愛読者カード

| 　− |
|---|

今後の出版企画の参考にいたしたく存じます。ご記入のうえご投函くださいますようお願いいたします。新刊案内などをお送りいたします。

| 書名 | |
|---|---|

1.本書についてのご感想および出版をご希望される著者とテーマ

※上記のご意見を小社の宣伝物に掲載してもよろしいですか?

□ はい　□ 匿名ならよい　□ いいえ

2.小社のホームページをご覧になったことはありますか?　□ はい　□ いいえ

※ご記入いただいた個人情報は，ご注文いただいた書籍の配送，お支払い確認等の連絡および当社の刊行物のご案内をお送りするために利用し，その目的以外での利用はいたしません。

ご氏名《ふりがな》　年齢　歳

ご職業　（男・女）

（〒　　　）

ご住所

電話

| ご購入の書店名 | | ご購読の新聞・雑誌 | 新聞（　　）<br>雑誌（　　） |
|---|---|---|---|

本書ご購入の動機（番号を○でかこんでください。）

1.新聞広告を見て（新聞名　　）　2.雑誌広告を見て（雑誌名　　）　3.書評を読んで　4.人からすすめられて　5.書店で内容を見て　6.小社からの案内　7.その他

ご協力ありがとうございました。

しいと感じてもらえる活動にしたいと心から思った」（第Ⅱ章2‐(3)）という記述のように、純粋に会えた喜びが存在するのがわかる。そこに何かするという行動価値から、いるだけで価値があるという存在価値への転換があると推測されるが、そこに子どもの存在価値が再び生まれる瞬間があるように思われる。集団への適応が難しい状態の子どもたちは、何かを行うという「体験価値」や何かを生み出すという「創造価値」をほとんど失った状態であり、それだけに「存在価値」も感じられず、自己肯定感を持てなくなっている。会えてよかったという喜びが子どもの心に呼び起こす変化の大きさには、素晴らしいものがある。「会える」という喜びは、それ以上のものはないわけで、その感覚は、不安の中にいる子どもの警戒心を溶かし、ほっとさせ、これからも会っていこうかなと前向きにさせる。

メンタルフレンド活動では「楽しむ」は非常に肯定的な意味を持っている。学校は目標を達成するという「行動価値」に重きをおく集団という側面が強く、学校に登校するという流れから降りてしまった子どもが「行動価値」を実現できない自分の「存在価値」を感じられなくなるのも自然な成り行きである。メンタルフレンドは、その喪失を埋める援助者となり得る。

最後に一言、メンタルフレンド活動は若い今しかできない活動。その価値は、後々になって深くわかることになる。今は出会いを楽しんでほしい。

（中村美津子）

参考文献

(1) 田嶌誠一「引きこもり生徒への家庭訪問の実際と留意点」『臨床心理学』1―2、金剛出版、二〇〇一年、

二〇二一 二一四頁。

(2) 文部科学省『平成25年度「児童生徒の問題行動等生徒指導上の諸問題に関する調査」について』六五頁。

(3) 北村圭三「遊戯療法」河合隼雄監修『臨床心理学3』創元社、一九九二年、八〇～九三頁。

## (2) メンタルフレンド初めの一歩

私は二〇一五年三月のメンタルフレンドの研修会と、その後、五月の初回研修会に参加した。私は、将来養護教諭になることを目標に学んでおり、メンタルフレンドとして子どものために活動したいという思いから、応募した。子どもと継続的に一対一で接することができ、成長・発達の途中にある子どもと関わることができるという大きな期待があった。しかし、一方で、大きな不安もあった。未熟さゆえに子どもを傷つけるのではないか、自分が子どもに受け入れてもらえるのか、関係が築けるのだろうか。また、どんな活動をしたらよいのか、初めての挨拶はうまくできるのだろうか……。考えるほど、自分の中で期待と不安の二つが交錯した。

初回研修会の初日、「メンタルフレンド自身が楽しく活動すること」という言葉が心に残った。「子どもに何かしなくては」と気負いすぎていた自分がわかり、ふっと肩の力が抜けた気がした。子どもと楽しい時間を共有できればいいのだと考えることができるようになった。また、臨床心理士から、メンタルフレンドは担任の先生と子どもというタテの関係でもなく、子ども同士のヨコの関係でもない、「ナナメの関係」という特別な関係であることを教わった。また、子どもの表情や態度をよく見ることの大切さ、メンタルフレンドとしての責任について学んだ。また、子どもに話しかけることが大切なのではなく、言葉を交わさなくとも子どもの傍に一緒にいること、そのことも大切な活動であること、楽しみだという自分の気持ちをうまく表現できない子どももいることを知った。いろんな子どもがいて、それぞれの活動の形があってよく、自分らしいメンタルフレンド、自分らしい活動を大切したいと思った。

研修会二日目、前年度メンタルフレンドとして活動をし、引き続き今年度も活動を予定している先輩から、体験発表があった。子どもと出会い、信頼関係を築き、年度の終わりにお別れをしていく一年間の活動は、とても感動的だった。私もこんな活動がしたいと強く思った。無理に子どもをリードしようとはせず、いつも穏やかに子どもを受け入れ、認め、ていねいに言葉を選んで子どもに接してきた先輩の実践がわかった。この温かさの中で子どもは安心して時間を共有するのだと感じた。スクールカウンセラーからは、子どもたちは心の危機（分かれ道）を乗り越えようとしているところだが、周囲の大人たちはその子どもの戸惑いになかなか気づかないということを知った。

同じ道を経てきた若者の一人として、危機を乗り越えようともがいている子どもを見守り、少しでもその支えになれればと思った。メンタルフレンドが学生、つまり、素人であるからこそ、かえって教育・心理・医学等の専門職には見せない子どもの素顔、発する自由な言葉、自分らしい行動が出てくるのだとわかった。

また、専門家である世話人がメンタルフレンドをうしろから支え、守る盾となっていることの意味を知った。メンタルフレンドが難しい課題に行き当たって困ってしまっても、いつでも相談ができ、安心して活動できることがわかった。私は担当する子どもが決まり、近々活動を開始する予定だ。世話人や活動経験があるメンタルフレンドらに見守られて、初めの一歩を踏み出そうとしている。自分の持ち味を大切に、メンタルフレンドという枠の中で、メンタルフレンドだからこそできる楽しい活動をしたいと思う。

（大山心子）

## 3　私たちのネットワーク

### (1)　学校とメンタルフレンド

メンタルフレンドが初めて来校する日、担任と教頭の私は、その効果がどれほどのものかわからないまま、ただ「何か変わってくれれば」という思いで待っていた。来校したメンタルフレンドは、中学生と一緒にどこかへ遊びに行ってしまいそうな雰囲気をもちながら、その反面とても落ち着いた口調で話す人だった。この日から、本校でのメンタルフレンドの活動が始まった。

メンタルフレンドとの活動を希望したのは中学二年生の洋子（仮名）。中学一年生の途中から不登校が始まり、この時にはほとんど登校できない状態だった。場面緘黙の生徒で、一年生の二学期以降、学校では一切言葉を発せず、担任や学年の教師は洋子との意思疎通に大変苦慮していた。

この日の活動は、筆談での自己紹介から始まった。メンタルフレンドが質問を紙に書き、洋子が答えを紙に書く。そんなやりとりを続ける中で、メンタルフレンドの「妹は何年生？」という口頭での質問に、時間をかけながらも「五」と洋子が声を出して答えた。小さい声だったが、一生懸命話そうとしている様子がメンタルフレンドに伝わってきた。たった一時間の活動だったが、学校の教師とは違う何かを、メンタルフレンドに感じていたのだろう。

最初の活動から五日後、洋子は「ハッピー・フレフレパーティー」に参加し、洋子担当のメンタルフレンドと同じ班で活動した。材料の買い出しでは、売り場の場所がわからずに困っているメンタルフレンドを、洋子が積極的に案内する姿が見られた。

その後の活動は、二人で相談の上、マスコット作りをすることになった。材料を一緒に買いに行ったり裁縫の仕方を教え合ったりする中で、洋子の表情は日に日に和らぎ、メンタルフレンドに心を許していることがわかった。

最初の活動日から三カ月ほど経った頃、その日の活動はハロウィンパーティーだった。二人で折り紙の説明書を見ながら、魔女の帽子やかぼちゃのランタンを折っていた。すると洋子がおもむろに、「こうかな？　違うかな？」とつぶやいた。それまでの洋子は、いろいろ考えた後に覚悟を決めて言葉を発することが多かった。無意識に発したこの言葉が、洋子の心情の変化を如実に物語っていた。

時をほぼ同じくして、学級に入って行事の準備をしていた洋子が、担任に向かって「先生これ……」とメモを見せに来た。洋子が教師に声を発したのは、ほぼ一年ぶりのことだった。

約半年間の活動だったが、洋子が活動ごとに変わっていく姿を、メンタルフレンドの活動報告書から垣間見ることができた。そして洋子は、当然のように次年度のメンタルフレンドの活動継続を希望した。

洋子の活動開始から三カ月ほど経った頃、学級に適応できずに不登校になっていた知子（仮名）が、洋子の活動の様子を聞いて、メンタルフレンドとの活動を希望してきた。

体を動かすことが好きな知子のことを考え、スポーツが得意なメンタルフレンドを紹介していただいた。そしてこちらも、初めて来校した日から活動が始まった。

知子の活動は、体育館などで運動することが中心だった。バドミントンや卓球で汗を流し、その後メンタルフレンドとゆっくり話をした。その活動が、知子の心の安定につながっていた。話に夢中になり、気付くと一時間が過ぎてしまっていることもあった。

知子はメンタルフレンドとの活動を非常に楽しみにしており、メンタルフレンドとの活動日の表情は、いつもとても明るかった。そんな知子の姿から、メンタルフレンドとの活動が知子の登校のエネルギーになっていることは明らかだった。

学校という場所には、思うように集団に溶け込めなかったり、集団の中でうまく振る舞えなかったりする生徒がいる。その生徒たちは、それぞれ自分なりの方法で自己を表現しようとする。しかし我々教員は、学校としての対応能力に限界を感じることがたびたびある。

メンタルフレンドは、そんな我々とは違う視点をもち、学校の枠を感じさせずに生徒と接するため、洋子や知子のように「メンタルフレンドと過ごす時間」を大切にしたいと感じる生徒がいるのだと思う。そしてその大切な時間の活動を通して、心のエネルギーが充塡されていくのだと思う。

（田川弘樹）

## (2)「きっとなにかが変わるだろう」

中学校教諭の私が、メンタルフレンド東海と関わり始めたのは、Y中学校に赴任してからである。メンタルフレンド東海が発足して数年だった。初めてメンタルフレンドを活用したのは、不登校生徒さおりさん（仮名）の時だった。そのさおりさんと面談を繰り返していたスクールカウンセラーの先生から、「メンタルフレンドはどう？」と話があった。私は、「メンタルフレンドって何をするのか？」と思った。当時、不登校関係の係をしていた関係上、スクールカウンセラーの先生と話をする機会は多かった。そのスクールカウンセラーの先生からメンタルフレンドに関する世話人代表とメンタルフレンドの活動の新聞記事を読ませていただいた。その記事を読んで、とにかく今のさおりさんに必要なのは、「心の友」であり、「教師より世代間ギャップの少ない女子大生なんだ」と思い、担任とも話し合い、一度活用してみることになった。

しかし、その当時は、学校に教師以外の人が入ることに非常に抵抗があった時期であった。スクールカウンセラーの先生でさえ、なかなか馴染めない教師集団であった。ましてや、「大学生が学校に入るなんて教育実習でもあるまいし」という声もあった。しかし、私も世話人代表の大原先生とは、以前から少し面識もあり、この先生の作られた団体ならきっとなにかが変わるだろうと思い、学校の職員会に説明をして理解をしてもらった。ただ、それですぐ始まったわけではなかった。まずそのさおりさんや保護者がメンタルフレンドを活用することを納得し、希望しないと始まらない。私は、スクールカウンセラーの先生からいただいた新聞の記事のコピーを渡し、「とにかく一緒に話したり、遊んだりできるみたいだよ」と話し、さおりさんの希望で会うことになり、週一回の活動が始まった。

さおりさんは、ほとんど学校には来ていない。夕方来賓玄関横の相談室に来るのが、やっとであった。そのやっと入ることのできる相談室が、活動の場所になった。初めてメンタルフレンドを待つさおりさんは少し緊張気味だったが、会ってすぐに意気投合したようだった。というのも、さおりさんの活動の終わった後の表情は、担任や教師と話した後の顔ではなく、なにかほっとした表情だったのだ。そして、早速次回の相談日も決めたようであった。後で「何をしたの」と聞くと、「自己紹介をしたよ」「お姉さんの好きなことや私の好きなことを話したよ」などと楽しそうに話してくれた。この一時間あまりの時間の中で、さおりさんは今まで味わったことのない時間を経験したのかもしれない。

回を重ねるごとにさおりさんは、メンタルフレンドと活動する日を待ち遠しく思うようになっていた。段々とさおりさんの行動にも変化が見られ、今まで週一回のみの登校が、メンタルフレンドの活動日以外にも登校するようになってきた。少しずつではあるが、挨拶の声も大きくなり、何か自信が持ててきたのかなと思った。さおりさんが卒業する時には、担任にはもちろん、私にもメンタルフレンドと一緒に作った手作りのアクセサリーをプレゼントしてくれた。

こういった活動を重ねるごとに、少しずつではあるが、担任や学校全体にメンタルフレンドの活動が理解してもらえるようになってきた。

（武田基二）

## (3) スクールカウンセラーとメンタルフレンド

### ① 出会い

文部省のスクールカウンセラー事業元年の平成七年、そのカウンセラーとして中学校に参入した。たしか一学期だったと思う。メンタルフレンドと勤務校の保健室で出会った。名前でしか知らなかったメンタルフレンド。私も初めての学校参入で恥ずかしながら暗中模索の状態で、メンタルフレンドも同年に初めて学校に入ったのだという。よくわからない者同士で、親近感を覚えた。その前後、メンタルフレンドの世話人に教務主任の紹介を受けて会った。養護教諭養成に携わる大学教員で、中学校の教師から信頼されている様子だった。それまでの臨床経験では自発的来談者への心理療法が主な仕事であったが、学校では、教師は困っているが保護者、生徒の来談はないという状況の中、臨床的地域援助、他職種との協働を構想する必要を予感している時期であった。

初めてのケースも学校から紹介を受けて始まった。登校しぶりのある二年生の女子であった。経済的に苦しい家庭の長女で、弟妹の面倒を見るような優しさがあったが、登校の途上で不審者にあってこわい思いをして、登校が難しくなっていた。面談では当初からよく話すので、話を聞いてもらえるメンタルフレンドを紹介した。メンタルフレンドに初めて会って、その子は「私にも運が向いてきたみたい」と語ったとの話が聞こえてきて、紹介してよかったと感じた。その後、カウンセラー面接は間遠になり、登校しぶりもなくなった。元気に部活に励む彼女の姿を確認して安心した。私としては、並行して関わるという目論見であったが、あっさりとそれははずれた。

## ② メンタルフレンドってなに

この疑問とともに最初の事例に臨んだが、メンタルフレンドの存在や彼女らとの交流が何かよい経験になるようだ、ということがわかり、メンタルフレンドを紹介するようになった。以来、二〇年以上にわたり彼女たちの発達促進的機能に信頼をおいている。不登校の子どもたちの多くはカウンセラーの前には現れない。保護者も学校もカウンセラーに会わせたいと考えていても、子どもは問題にされたくないと思っている。そうした子どもたちでも、メンタルフレンドに一度会ってしまえば、びっくりするような変化を見せる。というわけで、カウンセラー面接とは別の経験としてメンタルフレンドを考えるようになった。不登校のさまざまなタイプのすべてに対してメンタルフレンドが適当というわけではないが、対人関係が持ちにくくなっている子どもたちにとっては、メンタルフレンドが発達援助のための豊かな対人関係の経験を提供してくれる。それが活動の大きな意義であり、私は現在までに多くのメンタルフレンドに助けられたことを感謝している。

## ③　出会いのために「つなぐ・守る」

一般的に人にどこかを紹介し、利用する気になってもらうことは難しい作業である。価値あるメンタルフレンド活動も、それの意義を伝え、関係者と本人がやってみようかなと思い、了解をするまでにこぎつけるのは難しい。目的、具体的内容をていねいに伝えること、そのタイミングを計ることが必要である。とくに難しいのは、本人の了解（インフォームド・コンセント）をとることで、この了解がないと、周囲がいくら勧めてもメンタルフレンド活動は始まらない。今までの生活と経験の中では、メンタルフレンドへのイメージは持ちにくいのである。大学生のお姉さん、お兄さんであること、おしゃべりしたり遊んだり二人で活動内容を決めていけばよいのであって、登校させたい、外に連れ出したい、勉強させたい、担任と会わせたいとかではない。活動の詳細は学校には伝えないこと、月に二〜四回くらいで、活動場所は学校や家など話し合って決めること、本人がその気になったら始まるということを伝える。周囲からの働きかけに敏感になっている子たちであるので、本人の身になって不安を解消し、具体的内容がわかる説明であることが必要になる。

保護者は本人に比べるとまだ困難は少ない。しかし、勉強を教えるような過大な期待をされるのは困る。また、学校の理解と協力を得ることも案外難しい。学校には学校の指導方針がある。指導や援助の一助として連携したいと考えたり、メンタルフレンドを使いたいということもある。ただ、目的も方法も異なるので、趣旨を理解してもらう作業が必要になる。これも、メンタルフレンドと子どもの両者を守るために必要である。詳しい活動内容の報告を求められても、本人との信頼関係があるので、それはできない。学校の一室を借りる場合でも、メンタルフレンドは学校長の指示を受ける立場ではないボランティアということを理解していただき、メンタルフレンドの活動を守らないといけない場合もある。逆に学校ががんばるからと外部の支援を断ることもあるが、その場合は学校の指導や支援に支障をもたらすものではないと説明する必要がある。いずれにしても、メンタルフレンドの目的を理解してもらう努力が必要である。しかし、学校として一つのケースを経験するとメンタルフレンドへの理解が一層深まっていく。

## ④　よい出会いを

もう一つ、カウンセラーとしての大切な作業がある。子どもの人となりを伝えることである。どんな子なのか、これが何よりも大切である。メンタルフレンド活動の成否は、メンタルフレンドと子どもの相性にあるといっても、過言ではない。自然な出会いであれば、双方が自ずと選び合って、ペアができるのであろうが、作り出す出会いなので、組み合わせが難しい。世話人が日頃メンタルフレンドの人となりをよくつかんでいるからこそ、組み合わせが成功しているのであるが、カウンセラーとしても直接的、間接的な情報収集により協力をしている。そうした世話人等の努力により、メンタルフレンドの持ち味が子どもとの関係で活かされ、双方にとって楽しい活動が展開される。

（中村美津子）

## (4)　養護教諭とメンタルフレンド

「メンタルフレンドさんがこの子についてくれたら、この子の笑顔が見られるのではないか」「お話ができる楽しい時をもてるのではないか」クラスで孤立傾向にある子ならばなおのこと、それを期待する。

一人で平気にしているように見える子でも、必死にくじけまいと立っていることが多くある。メンタルフレンドとの出会いを経験した子たちを見てきて、メンタルフレンドの存在がこの子たちの日常にどれだけ色をつけてくれるかを、養護教諭として間近で見てきた。

### ①　子どもと事務局の先生との出会いの日

「お兄さん（お姉さん）欲しい?」「……（本人うなずく。）……」「それなら、今度、あなたにお兄さん（お姉さん）連れてきてあげるね」本人と事務局の先生との、このようなやりとりから始まる。緊張しながらも、これから何かが始まりそうな予感を本人たちは感じている。

### ②　子どもとメンタルフレンドとの出会いの日

子どもとメンタルフレンドとの出会いの日は、本人と共に養護教諭としても、期待と少々の不安に心が揺れる日である。「どんな学生さんが現れるのだろう」「この子を受け入れてくれるだろうか」と、半ば母親のような気持ちになる。私たち大人に促されて、「こんにちは」と照れくさそうに挨拶する本人と、初めての場に足を踏み入れ、私たち学校職員の視線に緊張している学生さん。

初々しいこの二人の出会いの瞬間に立ち会う時、とても清らかな時が流れるのを感じる。

### ③ 活動への支援

活動の時間と場が決まり、二人の交流を重ねていく中では、養護教諭として、二人だけの時間を第一に考え、二人が何の心配もなく、活動を繰り広げることができるよう気を配る。

「先生、○○貸してください」「先生、○○したいのだけれど……」といった要望の窓口の役を果たす。学生さんが、子どもとの活動の中で抱いた疑問や困りごとは、事務局の先生が引き受けてくださっているが、実際の活動場所でのＳＯＳには応えられるようにしている。また、実際の活動について管理職に伝え、活動への理解をしていただいている。

回を重ねるごとに子どもの表情や口調、行動などから、徐々にエネルギーを蓄えてきていることを感じるようになる。「先生、△曜日は、○○先生が来る日だよね」と笑顔で声をかけられることも多く、メンタルフレンドとの次回の活動を心待ちにする子どもの様子は微笑ましい。

元気になっていく様子を見て、東海市に「メンタルフレンド」という資源がある幸せと、そこに繋ぐことができた幸せを思う。それとともに、ネットワークの中で、一人の子の成長を支えられることに喜びを感じる。

また、この子らとの交流が、学生さんの人生の中でも貴重な体験となるであろうことと、いずれ、社会人として、私たちと子どもを支えるネットワークの中で力を発揮してくれるであろうことを思うと、ますます心強く思うのである。

（浅田育子）

## (5) 適応指導教室とメンタルフレンド

私が日頃出会っている子どもたちは、登校ができない子どもたちである。いじめであったり、体調不良であったり、勉強のつまずきであったりといろいろな問題を抱えており、小学校高学年や中学になってここに通級してくる。しかしそれはきっかけにすぎず、他者が見え始め、自我を確立していく過程で、自己肯定感が下がる小学校四年時にトラブルや失敗をし、そのことが尾を引いてきたことを語ってくれる子が多い。自信がなく、コミュニケーションの取り方がまずく、その結果、人が怖くなっている。

メンタルフレンドはそんな子どもたちの横に立ち、一言一言に親身になって耳を傾け、さまざまな遊びを通して、「あなたはあなたのままでいいのだ」というメッセージを送ってくれる。親でも教師でも周りの大人でもなく、自分たちよりほんの少し年上であることが、弱っている状態の子どもたちにはぴったりなのだ。

メンタルフレンドに伴走してもらい成長した希子（仮名）の話をしようと思う。希子はメンタルフレンドにより、「人は信じられる」という思いと「人との関係のとり方」を学んだ。希子は、ぴたりと外の世界を遮断していた。小さい頃は、周りの子どもたちと遊ぶことができていたが、いつの頃からか思うような反応が周りからもらえなくなった。「えーっ」という驚きの反応、冷たい視線が返ってくることが多くなり、自信を失い、素直に相手に応答することができなくなった。小学校はほとんど登校していない。希子は小学校五年生の時に私と出会った。「ここに来た子どもたちはみんな元気になって学校にも行けるようになるよ」と私がいったとたん、本箱を蹴った。あとからゆっくり話を聞くと、自分を病人扱いされたことに苛立ったとのこと。希子はこれまで「普通」ではないというメッセージを周囲の人たちから受けていたのだ。一年間は心も体もぴたりと閉じ、他の子どもたちがいる部屋へ入れず、週に一度、学習のために別室へ来た。希子には、「話しかけないでオーラ」がただよい、ピリピリしていた。やがて、六年生になって月に一度、メンタルフレンドと交流することになった。交流活動を重ねるにつれ、メンタルフレンドの純真で受容的な態度に、希子は少しずつ心を開き、信頼を寄せるようになり、時にはアニメの話で盛り上がったりした。すると、これまで受けてきた自分への否定的な反応の「お返し」をするかのように私たちへの攻撃的な言動が始まった。

ある時、希子は卓球を楽しんでいた。球が外に出ないようにスタッフが出入り口に立っていた。そのスタッフの横をポンポンと球が出ていった。希子はそのスタッフに向かって、「役立たず！」という言葉を浴びせた。希子との関係ができつつあったことと、他の生徒が「希子の暴言を聞くことで傷ついていく」ことを恐れていたこともあり、私はあえて厳しい言葉で、「希子さんが太ってるといわれたらどう？」と返してみた。希子は久々に固まり、部屋を飛び出した。自分が発した言葉が相手にどう受け止められるかは想像できず、自分が受けた言葉は突き刺さるのであった。「私が太っているということはお母さんが太っているということで、家族を侮辱することは許せない」と、後になって私に訴えた。私は改めて希子の考え方に気付かされた。このような考え方をする希子は、きっとこれまで級友には理解されず、ずいぶん辛い思いをして生きてきたのであろう。それでも私に抗議できたことは希子にとって前進だと思った。そこで、他者との接し方についてもっと希子の想像力を育もうと考えた。

Aさん「長野のりんごはおいしいね」

Bさん「りんごといえば、青森に決まってるよ。常識！　ね！」

Cさん「そうだ！　そうだ！」

三人一組になって、全員がAさん～Cさんの立場に立ってロールプレイをした。

「Bさんのいい方が傷つくね」「長野のりんごもおいしいけど、りんごといえば青森がおいしいよといえば傷つかずにすんだのに」「Cさんの言葉が大事になってくるね」などの意見が出た。すると、その場では発言に加わらなかった希子が、後になって私にいいにきた。

「どうしてみんなはBさんの言葉に傷つくかがわからない。Bさんは本当のことをいっただけなのに。」

スタッフに対して「役立たず」と、「見たまま、正しいこと」をいった時と同じだと思った。「気持ち」の想像ができないのだ。希子はどうも、これまで見たままを口にしてきたようだ。だから相手が引いてしまったり、傷ついたり、嫌な顔をしたりしてきたのだと気付き始めたようだ。

その後はなんでもない一つひとつの行動について私に「こういう言葉や態度でいいかどうか、確かめ」をする時期が続いた。その意味ではメンタルフレンドは大切な役割を担っていた。一つひとつに「それでいいよ」「うーんちょっと」とていねいに応答するメンタルフレンドとの交流で、少しずつ他者との関係づくりに自信をつけていった。

やがて、希子の確かめの相手がメンタルフレンドから友だちへと広がり、今では「学校が半日で終わりますように」などと願いながらも高校生活を楽しんでいる。適応指導教室とメンタルフレンドがタイアップしたことによる成果であると思っている。

（丹下加代子）

## (6) メンタルフレンド東海に期待する

東海市教育委員会とメンタルフレンド東海との出会いは、今から二十二年前に遡る。不登校傾向の子どもたちのために大学生のお兄さん、お姉さんが一緒に遊んだり、会ったりするボランティア活動を東海市で立ち上げ、市内の学校をはじめ適応指導教室の不登校の子どもたちのためにも活動をしたいという世話人代表からの申し出があったことが始まりである。

このような大学生ボランティアによる活動は、まだどこの市町においても試みられたところはない。また、当時の教育長が、「本市の子どもたちのための活動だから、ありがたい」というひとことで、東海市でメンタルフレンド活動がスタートした。

この頃、東海市でも不登校児童生徒の数は少なくなかった。そのため、東海市が不登校の子どもも支援として始めた「心の居場所（児童・生徒が存在感を実感することができ、精神的に安心していることのできる場所）」づくりを目指して活動を始めた時でもある。

教室にいづらくなって、体調不良という形で心の不安を訴える子どもは、年々増加しており、東海市も例外ではなかった。その背景には、さまざまな要因が重なり合っており、教員の力だけでは、解決することができない事例も増えていた。その後、平成七年にスクールカウンセラー（臨床心理士）が配置された。学校は、外の関係諸機関とも連携することで、一人ひとりの子どもの心に寄り添った支援が可能となってきた。とりわけメンタルフレンド東海の活動は、これまでにないユニークな活動であり評価をしている。メンタルフレンドを活用した学校や教師からも、教師とは違う関わりで子どもが変化していく姿を見て、この活動に注目していると聞いている。

メンタルフレンドは、親でもない、学校の教師でもない、子どもにとって少し年上で、あこがれの存在でもある。そんなメンタルフレンドには、親にも友だちにも、担任にもいえないことを話すことができる。メンタルフレンドとの活動を楽しみにしており、普段人との関わりの少なかった子どもの中には、メンタルフレンドに会いたくて、活動日だけ登校するという子どももまである。子どもにとってメンタルフレンド活動は、「心の居場所」そのもので、その存在の意義は大きい。

教育委員会としては、ボランティア活動については、その自主性を重んじ、その活動に敬意を表するとともに物心両面の援助をしていきたいと考える。この活動は、教育理念である「心そだて人そだて」の一翼を担うものとして、これからの発展を期待したい。

（権田秀一）

## (7) 発達障がい児とメンタルフレンド

### ① 発達障がい児と出会う

近年、学校でも発達障がいという名称は広く知られるようになりつつある。発達障がいとひとことでいっても、その範囲は広く、特徴としてあげられる病状は実に多様である。注意欠陥多動性障がい、学習障がい、自閉症スペクトラム障がいなどを含んでいるが、学校現場では「発達障がい」と一括されている。これらの傾向をもつ子どもはその特徴のゆえに、学習面・コミュニケーション面で、トラブルを起こしやすい。

発達障がいが知られ始める以前、これらは情緒障がい、つまり学校への適応上の問題と考えられてきたように思われる。しかし、社会や学校で発達障がいの認識が進む中で、メンタルフレンドが関わる子どもの中にも、すでにそのような診断を受けた子どもや、問題の背景に発達障がいの傾向をもつ子どもが少なからずおり、発達障がい児が（経緯はさまざまだが）結果として不登校になっていく可能性は大きいと判断し、発達障がい児も活動の対象とするようになった。

その過程で、私たちは、発達障がい児を理解するための研修を整え、メンタルフレンド活動はこれらの子どもに対しても有効であるのかを検討しなければならなかった。現在は、世話人間で事前に十分な検討をした上で、メンタルフレンド活動が可能と思われた場合においては、活動の対象としている。

## ②　メンタルフレンドと出会ったことによる効果とは

発達障がいの特徴をもつ子どもにメンタルフレンド活動を行って効果はあるのだろうか。結果からいえば、発達障がいを抱える子どもも、メンタルフレンド活動が充分に有効であることを体験している。

一つは、居心地のいい関係を基盤とした活動には癒しの効果があった。発達障がい（とくに自閉症スペクトラムの子ども）は、友だちが欲しいと思う時期が、他の子どもよりも遅いようである。しかし、いざ友だちが欲しいと思った時、すでに周りは仲良しグループができており、その中に入り込める余地がなくなっている。そこで子どもは、孤立感・劣等感を感じ、学校での居心地が悪いことを自覚する。実際、発達障がいとの診断を受けた子どもが、メンタルフレンドを希望する理由の多くが『友だちができない』というものである。

自分が興味をもっている話をしても、クラスメイトは聞いてくれないが、メンタルフレンドは関心を寄せて聞いてくれるという。障がいに注目するのではなく、子どもそのものを理解しようと努めるのは、メンタルフレンドが子どもよりも「少しばかり」年上であるという、つまりは絶妙な年齢差にめぐまれているからだ。毎週決まった時間にきちんと会うことも、発達障がいの子どもにとってわかりやすい関係で、とても安心できる。何年も関わってきたが、活動を経て、徐々に子どもの孤独感や劣等感は軽くなっていった。ここにかけがえのない関係が生まれるが、これは何も健常な子どもとの間だけではなく、発達障がいの子どもにも必要なものといえる。

もう一つの観点は、メンタルフレンド活動に、自然な形でのソーシャルスキルトレーニング（SST）が生まれることである。SSTとは、社会生活で必要となるスキル、たとえば挨拶やお礼の仕方、切符の買い方などを練習して覚えていく専門的な技法のことである。メンタルフレンド活動はSSTを目的に行われるわけではないが、メンタルフレンドとのやりとりから子どもが自然学習していく点で、同様の効果があったことを指摘したい。

たとえば、ある子どもは『殴ったら相手は痛い』ということを、メンタルフレンドが痛がったことから理解するようになった。他にも、メンタルフレンドと遊びに出掛ける計画を立てた時、『必ずしも計画通りにいくとは限らないということ』や『悔しくて暴れるよりも、悔しいけど我慢したほうが、周りの人との関係がうまくいくこと』を理解し、後になって腹が立った時に「あの時のことを思えば、これぐらいへっちゃらだ」と笑うようになった子どももいた。中には、メンタルフレンドがしたように、その子どもが別の子どもに優しい言葉をかけたケースもあった。これらはいずれも、メンタルフレンドとの相互作用を通して学習したソーシャルスキルといえよう。

しかし、一ついえるのは、メンタルフレンド活動がこれらの「効果を狙って」行ったことではないということである。前述（第Ⅱ章3）したように、私たちは学生に「ただ楽しく遊ぶこと」を第一に考えて活動するように伝えている。ここで指摘した発達促進的な効果は、「結果として生まれたもの」に過ぎない。

### ③　ラベルにこだわらない

私たちは発達障がいの特徴をもつ子どもに働きかける効果、すなわち有効性について述べてきた。これらのような、信頼関係の構築や対人コミュニケーションで癒される感覚、関わりの中で副次的に生まれるソーシャルスキルの体験というのは、本来は日常の中でおのずと体験されるものである。発達障がいの子どもはその特徴から、このような情緒的な発達の糧となる体験から離れがちとなる。しかし、この点は発達障がいの子どもに限らず、不登校状態の子どもたちにとっても同様である。この観点からとらえると、発達障がいの子どもにメンタルフレンド活動が有効であるということではなく、学校に行けない子どもとどう向き合うかが重要である。そして、ラベルを意識することなく素《す》の人として働きかけることができるのが学生の強みであり、専門家とは違う独自性である。

「この子は発達障がいですから」は、教師からもれる言葉の一つであるように思われる。学校は、子どもたちを全体として保護・教育しなければならない。学校現場では無理からぬ部分も充分承知であるが、ラベリングにこだわっていては、その子どもとの関係性の中で有効な関わりは見つけにくいのではないだろうか。たとえ発達障がいだとしても、その子の個性があり特徴もさまざまである。メンタルフレンド活動で見せる学生の個性や視点、多様な価値観を受け入れる柔軟な感性は大きなヒントになるかもしれない。

（佐治恒佑・戸田和憲）

# 第Ⅳ章　メンタルフレンド活動から見えてくるもの

## 1　笑顔輝く

### (1)　子どもの変化を目的としない強み

前述のように、私たちはメンタルフレンド活動の中で、そこに関わっている子どもたちに変化が現れ、子どもの姿が生き生きとしてきたことを目の当たりにしている。しかし、私たちは子どもを変化させせようとしてメンタルフレンド活動をするのではない。メンタルフレンド活動は、教育でもなければ、ましてや治療でもないのだ。目的は明瞭であり、子どもが元気になることを願って、メンタルフレンドと子どもが「楽しく遊ぶ」ことである。これは、メンタルフレンドになりたいと希望する学生への研修会においても、徹底していることである。私たちは、この変化を意図しないということの重要性を確認している。このように、変化を目的としないことによって、活動にどのようなメリットが生まれてくるのか。

一つに、専門的な関わりをしないことによって、活動に入り込みやすくなることである。子どもが、「病院の先生と話しに行くよ」といわれるのと、「今日はお姉さんと遊ぶ日だよ」といわれるのでは、まるで印象は違ってくる。仮に、専門家が子どもと遊ぶとしても、そこには「専門家としての目的」があり、そこでは「責任」や「立場」という言葉がちらつくのである。メンタルフレンドは、教育の専門家でも、心理の専門家でもない。つまり、学生がもっている力を素直にさしだすのだ。特別に働きかけるという意識がメンタルフレンドにはないし、子どももそのように受け止めているので、互いに敷居が高いとは感じない。

また、子どもの中には、豊かな感受性を持つがゆえに、不登校にならざるをえない者もいる。日々の感情を処理しきれず、日常生活を送るうちに精神的に疲れて、「学校に行きたくない」のである。このような子どもは、その感受性の鋭さから、大人の下心《したごころ》をあっさりと見抜く。学校現場であれば、教員の「学校に来させたい」という思いを察知して、その態度はさらに硬直化していく。メンタルフレンドはただ「楽しく遊びたい」と思って子どもと会う。これはまさに、メンタルフレンドが子どもたちと容易に信頼関係を築くことができる一つの要因でもあろう。素人性とでもいうような、特別の魅力がメンタルフレンドにはある。

## (2) 憧れのお兄さん、お姉さん

私たち世話人は、メンタルフレンドが大学生であることを重要視している。第Ⅰ章でふれたように大学生であればよく、彼らの専攻を問う必要はない。重要なのは、子どもとの年齢差が少ないことである。年齢が近いゆえに、メンタルフレンドは、子どもにとっての憧れ、いわば理想モデルとして機能することが多い。活動の中でも、「お姉さんの服、かわいいね！　どこで買っているの？」「僕もお兄さんみたいに人を助ける仕事をしたいな」「大学ってどんなところ？」というように、子どもが活動者であるメンタルフレンドに興味を持つことは多い。心理発達的に考えても、理想のイメージを持つことは、肝要である。メンタルフレンド活動の中には、子どもの成長・発達促進の要素が多く含まれている。

## (3) メンタルフレンド活動から広がる一対一の信頼関係

メンタルフレンド活動は基本的に子どもとの一対一という二者関係の中で進められる。二者関係での子どもとメンタルフレンド個人との信頼関係は、メンタルフレンドイメージ全体まで広がる。私たちのメンタルフレンド活動は、一年間の活動ごとに担当フレンドが変わる。しかし、翌年も継続して利用する子どもは、最初こそ新しいメンタルフレンドとの出会いに緊張感を示すものの、あっという間に打ち解けてしまう子どもが多い。つまり、「メンタルフレンドならば安心できる」という信頼感が広がっているのである。子どもの中には、活動を終えて何年か経ってもメンタルフレンド活動を懐かしんで、メンタルフレンドのイベント（ハッピー・フレフレパーティー）に顔を出す子どももいる。願わくば、メンタルフレンド活動を通して、それまで人と関わることを怖いと感じていた子どもが、「もしかしたら、お姉さんと同じような人がどこかにいるかもしれない」と、いくらか不安を軽くし、新たな出会いへの勇気が増すことに繋がってほしい。実際に、メンタルフレンド活動を体験した子どもから「友だちと気軽に話せるようになった」とか「同じ趣味の友だちができた」と後に報告されたことがある。

そこには「人と関わる楽しさ」が子どもたちの中で芽吹き、息づいている。

## (4) メンタルフレンドを守る

メンタルフレンドは、学生であり専門家ではない素人である。それゆえに、世話人の助言や支援は彼らを守るために必要だと考える。素人である活動者が一人で悩むことはあってはならないことである。そのために私たちは、メンタルフレンドを守るための支援に大きなエネルギーを注ぐ。

その一つ目に、スーパービジョン（ＳＶ）のシステムが挙げられる。ＳＶとは、活動内容をその道の熟達者に報告し、その中で今後の方向や現在の関わり方がこれでよいのか、とケースを振り返る研修である。子どもと接近しすぎている場合や、学校に出かけられない背景に医学的治療が必要な症状が発見された場合などに、ＳＶは極めて重要な役目を担う。その際には、メンタルフレンドに生じている問題を自覚させ、適切な距離をとるなどのアドバイスをする必要がある。また、専門的な介入が必要な場合は対人援助の専門家が表に立って親と話し合う必要がでてくる。

二つには研修会の実施である（研修会については第Ⅰ・Ⅲ章を参照）。研修会では、理論的な学習やケースカンファレンス（事例検討会）を行う。その中で、活動を行っている他のメンタルフレンドとも体験交換を行う。これは、自分自身の活動を見直すよい機会になる。ケースをまとめる作業も、大事な研修である。

以上のように、素人である学生を守るため、私たちは支援の枠づくりを重要視している。近年、「メンタルフレンド」という言葉は広く知られ、その活動に参加しようとする者も増加している。一方で、ボランティア活動を行う団体の中で、活動する者を支援するシステムが充実している団体は、案外少ない印象を持つ。本書によって支援するシステムの充実が図られることを願う。また、メンタルフレンドに参加してみたいと志す者が増え、そして活動の場で、この本が役に立つことを切に願う。

私たちは、絶えず学生に「自分が楽しくないと、子どもも楽しくはない」と伝えている。活動するメンタルフレンドの笑顔が輝く時、子どもの笑顔もまた輝くのである。（佐治恒佑・戸田和憲）

## 2　スーパービジョンの基本的な考え方

メンタルフレンドは家庭、学校に一人で訪問し、活動も自由度が高いので、活動を支える仕組みが必須である。活動を裏で支える世話人の存在がメンタルフレンドの支えとなっている。私もスクールカウンセラーとしてつなぎ役をするだけでなく、スーパーバイザーとして、年三回の研修会に参加をしている。この二〇年、ケースカンファレンスで自分も学び、活動を深く知り意義・目的を深くとらえることが可能となり、次のスーパービジョンに活かすことができるようになった。実際に、研修会のメンタルフレンドを目の当たりにすると、まじめさもあるが、ごく普通のおしゃれもしている二〇歳位の大学生という雰囲気である。必死に勉強というより、やさしい気持ちが感じられる研修会である。以下にスーパービジョンの基本的考え方をまとめてみる。言葉のやりとりや細かい対応でこうあるべきというよりは、大枠をはずれず生き生きした対応のほうがよいと考えている。

### (1)　研修内容について

心理療法の治療的関係を目指すわけではないので、精神分析的指向の研修ではなく、ロジャーズの非指示的立ち場に依拠した研修を行っている。しかし、メンタルフレンドはカウンセラーのように心理学的な課題を解決することを目指すのでもない。地域社会で失われた現実の発達促進的な人間関係を目指すので、コミュニケーショントレーニングのような対人関係が円滑に行えるような演習もある。また、不登校についての研修、学校や連携する機関など子どもを取り巻く状況や関係者への理解を深める研修、近年は発達障がいへの理解を深める研修も組んでいる。このような研修は実際のやりとりにも活かされている。

## (2) 遊びの力・子どもの成長可能性を信じる

メンタルフレンド活動には目的がない。しかし、下心があると、子どもは敏感にわかるし、メンタルフレンドがそこでオープンに自己開示できない。下心は、無意識で親や学校の期待を感じ取っている場合や、過剰にメンタルフレンドが救ってあげたい、役に立ちたいという時にも存在してしまうことがある。それだけに、「楽しんでやってきてね」から始まる活動は貴重である。その日その日の活動も「今日は何しよう」「今日は何して遊ぼう」ということから始まる。準備をしないというわけではない。むしろ、次回を待つ時期、今度は何しようか、とメンタルフレンドは悩んだり、期待したりして、何をしたら喜んでくれるかなあと準備したり考えているはずだ。しかし、そうであっても、「今日は何しよう」から始まる。成長可能性を信じて、好きなもの、やりたいと思うものに、一緒について行こうとする。

## (3) 子どもとメンタルフレンドはナナメの関係

ナナメの関係はお兄さん、お姉さんとの関係のように、一見、日常的な関係として見えるが、非日常的な関係でもある。また、ナナメといっても、ある時は上下を含んだタテ、ある時はヨコというように柔軟性がある。共感的には受け止めるが、積極的には深めない。分析はしない。安全で程よい関係である。またカウンセラーは自らのことを語らない〝隠れ身〟だが、メンタルフレンドは、互いの呼び方をどうするか話し合って決めるとか、プロフィール交換をお互いにするとか、積極的に自己開示をすることがある。仲のいい友だちのノリである。年齢もそれほど違わないので、言葉遣いや文化も世代間の差が少ないので親しみやすい、自分の手の届きそうなロールモデルでもある。大学で何をしているのか、どんなところなのか聞いてきたり、大学祭に行ってみたいという好奇心がわいてくるようだ。そのやりとりの中で、自分の将来、夢について考える子どももいる。

## (4)　メンタルフレンドには本音で話せる

好きな異性の話をしたり、家族への思いや、将来への不安、同級生への思いなどを話す子どももいる。自分の周囲の環境にはいない人なので安心感があるようだ。それは愚痴や怒りだったり心配事であったり、うれしい出来事だったりで、安心できる関係の中で思わずこぼれ落ちるような話である。メンタルフレンドも自然に一喜一憂している。この自然で健康的な反応を聞いていると、話した後のその反動で疲れたというよりほっとしたのだろうということが推測できる。メンタルフレンドの人間性が関係性の中で生きている時に、活動はうまくいくように見える。それゆえに、型にはめない支持、助言がメンタルフレンドには必要と考えている。

## (5) 家族にとってのメンタルフレンド

子ども本人が楽しみに訪問を待つようになると、さざ波が全体に波及するように家族に変化が起きる。とくに家庭訪問の時にメンタルフレンドが与える影響は、思いの外大きい。新しい風が家庭に吹き込むようだ。不登校という問題が起きて家族関係が膠着してしまい、自らの動きで変わっていくことはなかなかできることではない。そこを軽々と越す手伝いをするのがメンタルフレンドの存在である。滞っていた血流が生き生きと流れ出すようなイメージを感じるケースもある。お母さんが待っている、兄弟も待っているということが起きる。メンタルフレンドも対応に迷う場面であるが、あくまでもその子どものメンタルフレンドであることを忘れないということを基本にして、家族のメンタルフレンドでもあるという面を引き受ける時もある。

## (6) 終結時期が決まっている活動

外から仕組まれた出会いで始まるメンタルフレンド活動には、年度末が終結時期ということも決まっている。ここが日常的な出会いとは大きく異なる。出会いから終結までが決まっていることで、出会いから自ずと起承転結の流れがある。子どもや家庭にもそのことは、予め伝え、終結を受け止める心の準備をする必要がある。次年度も引き続き希望する場合にも、別の新しいメンタルフレンドに変わることを伝える。それだけに、一回一回の活動が貴重なものとなる。

### (7)　メンタルフレンドの悩み・困りごと

「活動をどうやって終わらせるとよいか」「沈黙が続くと私が焦ってしまい、質問攻めになってしまう」「携帯の番号を教えてほしいといわれたがどうしたらよいのか？」「終結までにもう会えないのではないかと悩んでいる」「遊んでいる時、注意しても乱暴が過ぎることがある」など、さまざまな困ったことが起きてくる。どれも、意味のある問題であるので、意味を考えながら、取り得る対応、とるべき対応を考え、現実的な対応を提案するようにしている。

（中村美津子）

## 3　自己愛の傷つきからの回復支援

私は「かかわり入門」という講義を初回研修で行っている。その中で困った時は一人で悩まず、スーパーバイザーに相談すること等の大原則、枠組みについて話し、関わり方の基本として受容、共感の大切さ等を説明する。しかし、メンタルフレンドたちが実際に活動を始め、報告や相談などを受けると、それぞれ工夫して良い関係を作っており、スーパーバイザーが感心することが多い。

こうした相談、報告をもとに、斎藤環の考察(1)、自己心理学のH・コフートの所説を参考にしながら、不登校の子どもたちが元気になる「治癒機転」のようなものを考えてみたい。

## (1) 自己愛の傷つきを修復する関係

私たちは心が傷つくというが、その場合傷つくのは「自己愛」である。自己愛は、自尊心、プライド、自信というような言葉で意味される、人間にとって基本的に大切な自己意識であるが、しばしば傷ついて意気消沈し、怒り、妬み、相手を攻撃したり、避けたりすることになる。自己愛について精神分析的に研究し、自己心理学という立場に至ったH・コフートによれば、人の自己愛は生まれてから、親や周りの人によって承認され、賞賛されたりしながら成長して、自信や理想、尊敬の心など成熟した自己愛になるという。しかし、私たちは必ずしも良い環境に置かれるとは限らず、自己愛が成長しないままになる場合がある。このような人は自己愛が不安定で絶えず承認を求めたり、幼児の頃の万能感が残ったり、プライドが高すぎて些細なことで傷つきやすい（自己愛の脆弱性といわれる）。

精神分析では、クライエントと治療者との間で成立する人間関係を「転移」として、幼児期以来の人間関係を読み解くが、コフートはこうした人の治療で特徴的に現れる転移（関係）を「鏡」、「理想化」、「双子」と名づけた(2)。以下斎藤の解説にならって「転移」を「関係」という一般的な言葉に置き換えて説明する。

① 鏡関係：白雪姫の話の中の鏡のように承認賞賛してくれる対象（他者）との関係。歩き始めたわが子を見つめる母親の輝きに満ちた眼に相当する。この機能を「鏡に映し出す」（ミラー

リング）と呼ぶ。

②　理想化関係：ある人物（対象）を理想化し、保護、承認してもらう関係。太陽の光を受けて輝く月のように、上司、教師を理想化し、その庇護のもとで力を発揮できる部下や生徒のような場合。

③　双子（分身）関係：互いに自分と似た者として認め合える兄弟や友だち、仲間のような対象との関係を指す。

このような他者（対象）は、コフートによれば、自己愛が脆弱な人にとって必要である。精神分析では、ある人が心理的エネルギーを向ける他者（正確には他者イメージ）を「対象」と呼ぶが、自己と対象という関係で述べると、このような対象は、自分にとって都合のよい自己の延長のような対象で、自己と対象（他者）が未分化のため「自己対象」と呼ばれる（このような他者が自己対象ではない面を見せると自己愛の脆弱な人はパニックになったり、激怒したりする）。彼らは現実の人間関係の中でそうした他者との関係をつくっていたり、心理治療者が「自己対象」の役割を引き受けて自己愛の成長に役立つことになる。しかし、コフートは後に、人はいつも自信、理想、尊敬心といった成熟した自己愛を保つことは難しく、一生の間、自分を承認し、尊重してくれる人が必要だという(3)。実際、最近の介護のテキストでは、高齢者の自尊感情への配慮が大切だと強調されている。また人間関係が苦手な発達障がいの人も自己愛の脆弱性を抱えていることが多い。

## (2) 自己対象としてのメンタルフレンド

こうした理解を背景に、活動報告からメンタルフレンドの活動の意味を考えてみよう。事例は中学一年の女子舞さん（仮名）で、メンタルフレンドが二週間に一度の訪問を続けて、数カ月ほど経った頃のことである。

「以前に比べわからないことや気になったことをたくさん質問してくれるようになった。活動中に音楽が流れてきて、それを聞いた舞さんが『この歌なんか聞いたことある！』とその歌を歌っていた。活動の初めの頃を思うと歌を歌うなんて信じられなくて驚いた」「この日はポシェットの蓋にあたる部分を作成したが、縫い方がすごく上手だったので『舞ちゃんすごくうまいじゃん！　上達したね！』と褒めると、照れていた」「また別の時には『ねえねえ、しょうもない話なんだけどさ、していい？』といって話をしてくれた。しょうもないことも話してくれることが、それだけの仲になることができたんだなあとうれしく思った」。

舞さんは自分を傷つけない安心できるメンタルフレンドの前で歌えたし、メンタルフレンドは作った物を褒めたり、しょうもない話ができたと喜んだりしている。メンタルフレンドが「相手を認めて喜ぶ」という自己対象機能（鏡関係）を果たしているといえよう。

他の事例でも「作品づくりで子どもがメンタルフレンドと自分と同じ材料を用意してくれた」とか、子どものほうがメンタルフレンドに教えてくれ、どちらがお姉さんかわからないようなこともある（双子関係）。常に良い友だちになろうとするメンタルフレンドの役割は「双子関係」もできやすい。一方、素敵なお兄さん、お姉さんというように「理想化」して、その兄や姉がいることでさまざまな活動ができるケースも見られる。

## (3) メンタルフレンドと子どもの相互作用

次にメンタルフレンド自身の心の動きについて考えてみよう。本書に書かれているメンタルフレンドの感想の中に、「『またあの子と遊びたい』と心が弾むようになっていった」「一年間の活動を終えて、……別れる時は何ともいえないさびしい気持ちになった」など、ふつうの友だち以上の気持ちの動きが率直に語られている。この関係はメンタルフレンドが子どもたちに一方的にしてあげるものではなく、役割は異なるが、子どもたちと楽しく遊び、時には悩んで創り上げる相互関係なのである。このような関係については、コフート理論を継承発展させた、相互主観的アプローチ（邦訳では「間主観的」と訳されている[(4)]）の理論を援用して考察したいが、ここでは指摘に留めたい。

（水野信義）

参考文献
(1) 斎藤環『ひきこもりはなぜ「治る」のか？　―精神分析的アプローチ』中央法規、二〇〇七年。
(2) H・コフート（水野信義、笠原嘉監訳）『自己の分析』みすず書房、一九九六年。
(3) H・コフート（本城秀次、笠原嘉監訳）『自己の修復』みすず書房、一九九六年。
(4) C・ジェニキー（丸田俊彦監訳）『関わることのリスク―間主観性の臨床』誠信書房、二〇一四年。

# 第Ｖ章　不登校問題が映し出すもの

## 1　学校というところ

### (1)　欠席

#### ①　出席歩合を算盤ではじく

学校が始まると、もうそこには欠席者がいたらしい。世界の最も古い成文法といわれるバビロニアのハムラビ法典の中に、子どもを学校に行かせない親に対する罰則規定があるという。また、古代ギリシャ、アリストテレスの弟子テオフラストス（前三七二頃〜二八七）は街を行き交う人たちの言動を観察して、その性格を三〇に分類、その特徴を巧みに描き分けている。「これも彼がよくやる手だが、学校で学芸の神（ムーサイ）のお祭りがある時にはいつでも寄付をしないですむように、子どもたちを登校させずに、すこし体の具合がよくないので、といっておく」（テオフラストス（森進一訳）「22　しみったれ」『人さまざま』岩波文庫、二〇〇三）。しみったれを巧みに描いている場面だが、親子ぐるみの仮病（後述）ということか。いずれも子どもの欠席に家族がからんでいて興味深い。

江戸時代、各地に寺子屋が普及するが、こと欠席については関心がなかったらしい。入門の時には親は師匠に束脩《そくしゅう》（謝礼・月謝）を持参する。束脩とは、もと束にした干し肉のことで古代中国の習慣である。これについては克明に記録されているが、出欠についての記録は全くない。寺子屋では出欠という観念じたいがなかったようだ。

明治期、義務教育制度の発足とともに、就学勧奨と出席催促は校長の重要な仕事となり、出席簿は学校管理の立場から最も大切な帳簿として扱われた。代用教員の経験のある歌人石川啄木は欠席をめぐる教職員の風景を巧みに描いている。欠席防止に腐心する校長が部下の教員に対してそれを督励する。あまりうるさくいうので、教員が出席簿をごまかす話である（『雲は天才である』『葉書』）。教員は毎日、「出席歩合（出席率）を算盤ではじく」のが仕事であった。

もっとも啄木自身、

教室の窓より遁《に》げて
ただ一人
かの城址《しろあと》に寝に行《ゆ》きしかな　（『一握の砂』）

の一首があり、自らの盛岡中学時代の中抜けの体験を詠んでいるが……。今日では明治にくらべ出席簿の重みは大きく変わって、ぐんと軽いものとなってきたようだ。

出席簿、紺のブレザー空に投げ週末はかわいい女になろう　（俵万智『サラダ記念日』）

作家の多くは欠席の経験があるらしい。文学作品の中でも子どもが学校を休む場面の描写になるといちだんとさえてくる。子どもたちは学校に行くのが嫌なのか、怖いのか、それともバカバカしいのか。学校を前におじけ尻ごみし、立ちすくむ姿は実にさまざまである。しかし教師が休む子どもの声に耳を傾けるという記述は少ない（拙稿「文学のなかの欠席」一～四二『月刊生徒指導』学事出版、一九九六～一九九九）。

さて、アメリカでは小・中・高校別、州別の欠席率（出席率）、中退率の詳細が毎年公にされている。比較教育学者デュークは「アメリカの大都市の学校では日常の欠席率が一五％ということは珍しいことではなく、フィラデルフィアの欠席者は日に三万七〇〇〇人にのぼる。シカゴでは一〇万人、ロスアンゼルスでは一〇万人、ニューヨークでは一五万人に達している。東京・大阪・名古屋といった大都市の生徒の欠席者は微々たるものだ」（国弘正雄、平野勇夫訳『ジャパニーズ・スクール』講談社、一九八六）と書く。アメリカの小学生の平均欠席率は六～一四％といわれ、日本と一ケタ違う。また世界子供白書（ユニセフ、二〇一四）によれば、小学校に入学した子どもが卒業できる割合（正確には第一学年に入学したものが第五学年に在学する割合）は日本・一〇〇に対し、スウェーデン・九六、ベトナム・九四、インドネシア・八八、カンボジア・六一、パキスタン・五二となっている。日本では小・中・高校の不登校の詳細な統計はあるが、各県（全国）の平均欠席率の統計はない。後者こそが教育改革立案の基本的数字であると思われるのだが……。悉皆調査でなくとも定点の抽出調査でよい。欠席の動態を国レベルで把握することが重要であると考える。

② Truancy（怠休）という Absence（欠席）

欠席といえば病（気）欠という語が浮かぶが、実はそれほど簡単なものではない。absence という言葉はもともと「そこにいない」つまり留守という意味だ。留守というからには、どこか別の所に居るということだ。外国の美術館を訪れると、時たま absence という表示を見つける。そこを飾っていた作品が、他の展覧会かなにかで外に出払っている（他で展示している）ことを示している。Absence はごく中立的な表現の名詞で、なにか格別な価値観（感）をともなったものではなかった。Absence（欠席）が学校で使われたのは、幕末の藩校精得館（のちの長崎医学校）においてであった。いきさつはこうである。ここは西洋医学（蘭学）のカリキュラムに基づく医師養成の機関であった。学生（書生）は医者として、さし当たって必要な手当法や調剤の授業だけには出席するが、医学の基礎となる数学・理学・化学・薬学を軽んじ、しばしば欠席した。この現状を見たオランダ人マンスフィールド—厳格な人として知られていた—はこの悪習を断とうとした。欠席者の責任を問い、欠席の多い者の卒業を認めず、医師の資格を与えないことにした。そのため逃げ出した者もあったようだ。マンスフィールドは西欧医学教育の伝統に従って「欠席」の観念をここに導入し、かつ実践した。欠席はまず医学教育の中で問題とされたのである（長与専斎『松香私志』東洋文庫、一二二頁）。

その頃日本にも欠席（缺席）という語はあった。これは招待された集まりに出席しないことをさし、非礼・無礼という非難に値する行為のことをいった。つまりここでいう欠席は、儒教的観念から出たものであった。前者と併せ考えると、西欧起源の欠席と儒教思想に基づく欠席の二つの概念が併存していた時代ということになる。

今日、学校で欠席といえば病気による欠席（病欠）を思いがちだが、実は病欠をいう前に「怠休」なるものがあった。ルイ・フィリップの短編にはずばり「ずるやすみ」（山田稔訳『フィリップ傑作短編集』福武文庫）がある。欧米の教育関係の辞書類には Truancy に関する記載が充実している。そこでは「子どもが家を出るが学校に着かぬこと」と定義されている。わが国では何を憚ってかこれが取り上げられていない。「怠休は犯罪の幼稚園」（ヒーリー）などの言葉を引いて、非行・問題行動との関わりでふれられているにすぎない。いわんや怠休者にも言い分がありそうだとする発想はない。叱ればすんだことであったからだ。親や教師の目を盗んで自由を謳歌するということは子どもたちにとって格別異常な行動というほどのことではないと思われるが……。

## (2) 仮病

病欠といってもその内容がはっきりしているわけではない。ある帰国少年（小五）は日本で欠席がチェックされ、その原因が厳しく追及されることに驚いた。彼は日本では病気でないかぎり学校を休むことができないことを知った。そこで彼は朝、便器の上に体温計を置き、これを母親に示して学校を休んだ。「あなたは仮病を使って学校を休んだことがありますか」という高校一年生に対するアンケートに、小学校時代に五％、中学校時代に二三％、高校に入ってから一五％が、仮病を使って休んだと答えている。したがって病欠という届けは怠休と重なっている。

ルネッサンス期、フランスのユマニスト（人文主義者）モンテーニュ（一五三三〜一五九二）は蒲柳《ほりゅう》の質で自ら十指を超える病名をあげている。その主著『エセー』の第二巻二五章は「仮病を使ってはならないことについて」となっている。古代の文人が病気に逃げ込むさまを辛辣な筆致で描き、人間の機微にふれている。仮病はごくふつうにある人間的な現象と見ている。子どもは小学校に入るやすぐ「ズル」という言葉を覚える。病欠と怠休の狭間にある欠席といえる。昔から仮病は「弱者の武器」といわれてきたが、子どもは仮病を使って何かを訴えようとしているのだろう。

## (3) 第三の欠席

病欠・怠休とはまた様子の違う不審な欠席に気づいたのは、小児科・児童精神科の臨床医であった。ブロードウィンは怠休とは別の一群の子どもの長期欠席に注目した(一九三二)。ジョンソンは同様の事例に母子分離不安を見たし、カナーはこれをschool phobia(学校恐怖症)として記述した。つまり教師は身近な不審の欠席(長欠)を観察してはいたが、これが新しい問題を含むなにかであるとは気づかなかった。従来、学校欠席の過半を占めていた病気による欠席(第一)、怠休(第二)に対して、いわば第三の欠席ともいうべきものである。これら第三の欠席は医療側からまず問題が提起されたことから、その対応は医療の原則つまり診断、治療、予後という医学モデルが基本となった。学校としては専門家(医師)にまかせるか、病院を紹介することが役割りで、教師が出る幕ではないと考えた。この不審な欠席は「病気」であり治療(cure)の対象と考えられた。

わが国でもこの子どもの長欠現象がはじめに注目されたのは東京山の手の上・中流市民層(高級官僚・経営者・知識層)の子弟の間からであった。親はひそかに大学病院精神科・教育相談所を訪れ、その苦しみを訴えた。一九六〇年代以降これに関する著作が相次いだ。佐藤修策『登校拒否児』(国土社、一九六八)、平井信義『登校拒否児』(新曜社、一九七八)、小泉英二『登校拒否—その心理と治療』(学事出版、一九七三)、若林慎一郎『登校拒否症』(医歯薬出版、一九八〇)、梅垣弘『登校拒否の子どもたち』(学事出版、一九八四)などがあらわれ登校拒否という言葉はだれ知らぬ者はないほど流通した。ちょうど経済成長が著しく、学校の施設・設備が整備充実された頃にあたる。広辞苑にこれが収載されたのはその第四版（一九九一）であった。

　ここから引き出され、ひろく流布した考え方の一つに登校拒否は母親の養育態度に問題があるとするもの（母原病説）、他は登校拒否児には登校を強く勧めるなど学校を意識させるような他からの働き方は差しひかえるべきだ（登校刺激禁物説）などがあった。登校拒否を学校社会が生み出した神経症の一つだという判断からであった。

　この児童精神科領域からの発言に対し、同じ領域からの発言が続いた。渡辺位編著『登校拒否―学校に行かないで生きる』（太郎次郎社、一九八三）、河合洋『学校に背を向ける子ども』（ＮＨＫブックス、一九八六）などがそれである。この主張は登校拒否を生む教育体制、学校風土に着目したもので、登校拒否児をもつ親たちの共感を呼んだ。親同士の連帯を訴え、全国にその輪が拡がった。登校拒否親の会なごや編「親の会通信」（一～二六〇号、一九九六～二〇一二）はその一例である。子どもの登校拒否に悩んでいた親は、この新しい視点に接して大きな衝撃を受けた。それまで、そのような視点から学校をとらえることはしてこなかったからである。フリースクールの運動もこれと連動した。「登校拒否児を対象とする学校」までできた。学校に行かない子どもの学校というのだから、文字上では矛盾しているが現に存在する（公立兵庫県但馬やまびこの郷、私立黄柳《つげ》野《の》高校）。

　文部省の統計の上で、学校嫌い、登校拒否と呼んでいたが、それを改め「不登校」という語を使い、指導の大綱を示し、適応指導教室という学校外の学校を全国にわたって設置し、この新しい欠席に対応しようとした。「不登校」の語は広辞苑第五版に収載された（一九九八）。この第三の欠席はかつていわれた学校の神経症という観点を変えた。その背景には、子どもはみんな学校へ行くべきであるという無言の社会的圧力が弱まってきたこと、学校という梯子を登らなくとも、なんとか食っていける世の中がやってきたこと、知識や技術を身につけることが学校以外でもできるようになったことなどが考えられる。この流れの中にあって不登校も大きく変わりつつある。無気力・ひきこもり・発達障がいを背景とした欠席はその例である。最近文部科学省は「性同一性障害に係わる児童生徒に対する細かな対応の実施について」（二七文科初児主第三号、平成二七年四月三〇日）を通知した。このような子どもの欠席問題がやがて出てくるのかもしれない。ケータイ・スマホ時代、欠席の姿まで大きく変わりつつある（長岡利貞『欠席と欠席率』第一法規、一九九〇）。

以上さまざまな欠席の歴史的・社会的状況から不登校問題を検討した。その間に来談者中心療法、カウンセリング・交流分析・認知行動療法・内観法などさまざまな治療法が提案されたが、決定打といえるものはなかった。この狭間にあって、なにかできることはないか。その模索の中に見出したのが、若い学生の感性と行動力に注目したメンタルフレンド活動である。

## 2　教師

### (1)　戸板で運べ

私は、一九六三年を第一例として、以来半世紀にわたって一〇〇〇の欠席事例にいろいろな立場から関わってきた。その間にさまざまな教師の欠席する子どもへの接し方を見てきた。別に学校は不登校児を放置してきたのではない。あの手この手でなんとか子どもを学校へ行かせようと苦心を重ねた。ある教師は子どもを「戸板に乗せてでもよい、ともかく学校にオレの力で連れてくる」と叫んだ。手荒だが、その意気はよく伝わった。毎朝、家庭訪問を繰り返したがラチが明かず諦めようとした例もあった。ある日、その子どもが赤ん坊の子守りをしているのを目にして驚いた。学習が嫌いならばせめて運動会、遠足ならばと誘いの手紙を届けた。根《こん》も尽きて、欠席をやむを得ぬことどし片目をつぶってその日を休養の日と考えてもみた。本人と周りの友だちとの間の交流を一切断ち、本人に退屈の限りを味わわせて自ずと登校するのを待つ等々……。これらの方法はもちろん一般化できるものではない。さんざん苦労を重ねたが、水の泡に終わった例をいくつも見てきた。熱心な指導がかえってアダとなり状態を悪化させることもあった。

これらうまくいかなかった例を反省してみると、思い当たる節がある。どうも指導する教師の姿勢態度に「教師的スキーマ」(schema：考え方のワク、図式）ともいうべきものがあり、それが災いとなっているのではないかということに気づいた。これは日本の学校の歴史の中で培われ、教師の中に深く刻まれ、構造化されたそれである。これがことに不登校事例の指導では裏目に出やすい。日頃教師が口にする言葉の中に、検討を要する考え方がひそんでいる。いくつかの例をあげ、問題点を指摘する。

### (2) 教師的スキーマ

① 「教育のことは教師がいちばんよく知っている。子どもの指導は学校にまかせておけ」

子どもは学校の他にも成長の場をいくつももっている。しかし、この学校信仰は独善・独断を生み視野狭窄を招く。ものごとを大局的・相対的に見るという姿勢を失い、他の専門機関との連携の重要性を忘れがちになる。

② 「問題事例の指導にはまず、原因は何かを明確にすることが先決だ。原因の解明を疎かにしてはならない」

原因を問うこと自体は一般論として問題はないが、こと人間関係に係わる時、そのままこれを取り入れることは一考を要する。事例研究会では話題はいつも原因に及ぶが、それは結果的に悪者探しに終わる。本来は具体的な指導についての話し合いが中心となるべきであろう。コッホ、パスツールの細菌病理学は病因となる細菌を特定することで成果をあげ、今日の衛生学を築いた。この特定病因説は教師の中に暗黙のうちに流れ、事あるごとに原因をしかもそれを単一なものに落とそうとする考え方が根強くある。事例に深く関わるほど、一つの原因を取り除けば問題が解消するなどという単純なものではないことを私は実感している。「やはり問題は家族にある」とする判断もこの流れの中にあるといえる。

### ③「キチンキチン　テキパキ　サッサというのは子どもの生活指導の基本である」

もちろんこのしつけ指導の原則は、秩序ある学校生活に必須のものではある。正確に文字を書くことは大切なことであるが、あの一点一画も疎かにしない漢字学習を見ていると、なにかそこに強迫的なものがあるように感じる。ここで強迫的というのは、何事もキチンとしなくては「気がすまぬ」という強い思いのことで、そうしなければ安心しておれないという心性をさす。子どもにも大人にもあり、完全・完璧・徹底・厳格を唱え、義務（責任）感強く、忠実で秩序を好む人柄に応じている。教師にもこのタイプの人は少なからずあり、多くは教師としての評価も高い。日本の学校では多分に強迫的でなければ「よい子」とされないし、多少強迫的な人がすぐれた教師とされる。おおらかさ・おうよう（鷹揚）・ゆとりある人がらとは対《つい》の人たちである。些末なルールをつくり、それにこだわる管理主義にも通じる心性である。このような教師と合性《あいしょう》が悪い子どもはいくらでもいる。

## (3) その基にあるもの

いくつかの教師的スキーマをあげたが、これらは今日の学校構造と深く関わっていると考えられる。その二つをあげる。

### ① 日本の学校教育は極めて stability（安定性）が高い

日本の学校教育の内容は文部省の「学習指導要領」に基づいて行われ、基本的には共通の知識を一斉に、同一歩調、同一進度で、静かで整然とした教室で学ぶことになっている。外国では日本の経済発展の秘密をこの指導要領の中にあると見て、翻訳し研究している。識字率は高く、各種の国際的学力の調査でも成績は高く、教育投資の効率が高い国と評価されている。これらはわが国の教育がスタビリティあるシステムの中に営まれていることに由来するといえる。しかし、この体制を維持しようとすれば、統一的・画一的・一方的な指導は避けがたい。どうしても、子どもの個性に対する配慮に欠ける指導が目立つ。臨機応変の対応とか、自分らしい工夫を生かした例外的指導は定着しにくい状況が生まれる。

こうした状況下では、学校でよく口にのぼるキャッチフレーズ、共通理解・連携・居場所づくり・子どもに寄り添う……を自分らしく吟味し、自ら判断することなく素通りし、なんでもかんでもまず実践だと声高に叫ばれる。困っている親、悩んでいる子どもに正論はもちろんのこと、模範解答も公式回答もおよびでないのである。

### ②　等学歴・単一職種社会

教師は免許法によって一定の学歴が求められる。つまり等学歴の社会といえる。高学歴ということではない。しかも教育職という単一職種の社会である。

これに較べられるのは、企業・事務所・官庁等の社会である。これらは実に多様な職種の人の集まりである。ここでは常に他の職種の専門性を重んじ、その発言に耳を傾ける。ここには自ずと職種間に切磋琢磨の気風が生まれ、職種間で違う見方を学び、多角的なアプローチに接することができる。教師の多くはこのことに気づかずにいる。

教師が集まれば子どもの話題ばかり。みんな学校（子ども）が好きな人たちである。学校嫌いの子どもの世界からは遠い。学校の矛盾や問題点に気づき、これを変えねばという意識は前面に出てこない。企業にあって、転職はごく日常的なことであるが、教師には生涯ここに止まる人が多い。つまり教師社会には異種交配によって新しいものが創出できにくい閉鎖性がある。これらは教師的スキーマのマイナス部分を強化する働きがある。

## (4)　スキーマを越える

以上述べた教師的スキーマは教科指導・生徒指導はもちろん、不登校の子どもたちの指導にも顔をのぞかせる。それほどに日常的なものであり教師の間で共有されてきたものである。つまり常識化しているがゆえに、これを考え直してみるという気風は生まれがたい。そこにこのスキーマから自由な学生が参加する意義がある。

教育に専門的な知識と技術が必要なのはいうまでもないが、専門家にも陥穽《かんせい》はある。かつて精神分析学の創始者フロイトは、専門的治療者を自認する医師に向かって、「治療的野心は反治療的である。真の治療者はあたかも素人（アマチュア）のごとく振る舞う」という言葉を残したが、味わうべきであろう。

（長岡利貞）

## 3　学校文化が生み出すもの

### (1)　学校教育の閉塞性と限界

たとえば学校に不登校児童生徒がいた場合に、学校は何を一番に心配するであろうか。不登校児童生徒の人数の多少や欠席の日数、そして早く学校に戻ってこられるように心配し願うのが一般的である。また学校という所には毎日来ることが当たり前であり、病気やケガでない限り、学校を休むのはよくないことであるとの考え方が学校のみならず一般に浸透している。そして、学校という場所に馴染めないのは、学校に責任があるのではなく、来るのが当たり前である学校に来られない児童生徒が悪いという思いも持ってしまいがちである。結果として、不登校児童生徒が少ないことはよいことであり、あるいはよい学校であり、不登校児童生徒がいた場合には、一日でも早く学校に復帰させることが大切なことであるとの考えに至る。この考え方から校長や教頭は、不登校児童生徒を受け持つ担任に対して、早く学校復帰させるよう指示し、担任はその願いを引きずって家庭訪問をする。当然ながら、学校を背負っての家庭訪問での会話は、主に、いつになったら、あるいは、どうすれば学校復帰ができるのかを中心としたものになってしまう。なにより本人が学校へ行けないことに対して罪悪感を持っている場合には、さらに気分を滅入らせる結果しかもたらさないのは自明である。教師には、早く学校へ出てくることばかり願うのではなく、その子の幸せを願ってほしい。つまり、どうすればその児童生徒が将来にわたって幸せな人生を歩むことができるのかを心配してほしいのである。この願いからすれば、早く学校へ戻ることだけが選択肢ではないはずであるし、教師は学校を背負って登校刺激を与えるだけの存在ではなくなるはずである。

学校では、こんな対立の場面が見られることがある。それは不登校生徒を巡っての、担任と養護教諭・スクールカウンセラーとの意見の対立である。不登校児童生徒を早く教室へと戻すことを使命とする担任は、スクールカウンセラーへの不満を漏らす。スクールカウンセラーは、相談活動を長く続けているだけで、生徒はいつまでたっても教室に戻れるようにはならないではないかと。また、個人情報保護といって、少しも相談活動の様子を教えてくれないと。また、養護教諭に対しては、いつまでも保健室登校を続けるのではなく、早く教室に戻そうとして対立する。このような対立は、「生徒は毎日教室に来るのが当たり前である」との担任教師の考え方が根底にあることによる。大切なのは、それぞれの立場で該当生徒の良さを引き出し、ネットワークを築いて、お互いに情報交換をすることである。

もう一つ教師に理解してほしい課題がある。それは不登校の要因に対する教師の自覚である。ある調査[1]によると、不登校児童生徒の二〇・八％が、不登校の要因を「教師との関係を巡る問題」と回答している。それに対して教師は、わずか一・七％と回答している。つまり教師のほとんどは、その要因に自分が関わっているとの自覚を持たないでいるのである。当然のことながら、不登校の要因が教師との問題である場合に、児童生徒は教師に対して、そのことを語らない、いや語れない。

## (2) 母性原理的生徒指導

とくに中学校においては、一律性・同一性あるいは同質性を是とする母性原理的生徒指導が一般的である。母性原理的生徒指導とは、全体の調和を優先する生徒指導である。あるいは子どもを守るという考え方である。服装や髪型・持ち物、毎日の生活等、細部にわたって規範を設けている。たとえば髪の毛の長さや、髪を長く伸ばす場合の髪の毛を留めるためのゴムの色、そして靴や靴下、手袋やマフラーの使用等を細かく定めている。学校生活においても、学習用具の管理の仕方、他教室へ入ってはいけない、不要物を持ち込まない等の校則が存在する。その学校でのみ通用する校則で、生徒は一律性を強要される。定められた校則は一律に守るのがよいことであり、素直にそれに従うのがよい生徒であり、違和感を持つのはよくないことである。しかし、不登校生徒の多くは、この皆同じでなくてはいけないという考え方に、疑問や違和感を持つ。彼らはよく「学校へ行くと自分の思いとは違うところへ連れて行かれる気がする」「学校に行くと自分が自分でなくなる気がする」という言葉を口にする。要するに不登校生徒にとって、教室という空間は、心地よい居場所ではないのである。不登校児童生徒に限らず違和感を持つのであるが、健気な児童生徒は従順に従っている。そのことにより自ら考えて判断し行動する場面を奪い、毎日の生活の中で自ら判断する大切な機会を奪ってしまっていることに、教師は気付くべきである。

さらに、こういった母性原理的生徒指導によって、生徒たちには、異質なものを排除しようとする心理が働く。一律性・同一性に違和感を持つ生徒は、いわゆる「異質な存在」となってしまう。その異質な存在を対象として「いじめ」を生む土壌となっていることにも配慮すべきである。生徒のためによかれと思って行っている生徒指導や集団を優先する一斉指導は、実はこういった危険をはらんでいる。学校の持つ文化的土壌であると指摘せざるをえない。

もちろん学校には、学校という立場としての限界があることは充分承知している。毎日児童生徒が通ってくることを前提とするのが学校であり、多くの子どもたちを預かることへの責任を負う学校は、どうしても一律性に傾き、結果として集団優先的な考え方となってしまうのであろう。しかし、当然のことではあるが集団が先に存在するのではない。さまざまな個が集まるから集団となるという自明の理に、もう少し目を開いてもらいたいと考える。

## (3) 学校組織の現実と課題

現在、ほとんどすべての学校において不登校児童生徒への理解は大変進んでいるといえる。いじめ・不登校対策委員会が義務化され、学校内の会議や研修会は定期的に行われている。また、スクールカウンセラーや不登校支援の教員や相談員の配置も充実してきている。そしてフリースクールへの参加で、学校の出席日数としてカウントできるなど、制度も充実してきている。また学校においても保健室登校を認めたり、余裕教室を活用して不登校児童生徒専用の部屋に充てるなどの対策も多くの学校で日常的となってきている。

しかし、実はここに課題がある。組織や制度は充実したが、そこでどのような考えのもとで何が行われているかこそが、問われなくてはならない真の課題である。残念ながら対症療法的な対応に終始してしまっている姿が垣間見られるのである。たとえば、保健室や不登校児童生徒専用室で、教科の学習を中心に行っている姿がよく見られる。教師が教科の課題を与えたり、教科担当教員が個別に教科の学習を指導するといった内容である。とくに中学校においては教科中心主義が根強く残っている。教科の学習に遅れは許されないのである。

さて、教師は不登校児童生徒の何を心配すべきであったか。前節で述べたが、学校へ来られないこと、そして教科の学習が遅れてしまわないようにすることを中心事としてしまい、どうしたらその子が幸せな人生を歩めるかを心配しないでいる。あるいは、教科の学習が遅れないようにすることが幸せにつながると考えてしまっている。学校・教師のスタンスを『その子の人生を心配する』ことに置き換えると、ずいぶんと具体的な方途が違ってくるはずである。家庭訪問時の会話や保健室や専用教室での活動内容が『生き方そのものを考える』ことになってくるはずである。まさにそれは、単に不登校児童生徒への対策のみでなく、全校生徒のための学校づくりの全体デザインそのものを問うことになるのである。これらの学校とは何をするところであるか、そして教師の仕事とは何かの根本的な問い直しこそが、対症療法的な不登校対策からの脱却の根幹となるはずである。

### (4)　学校全体のデザイン

ここである中学校の実践例を示す。この中学校は不登校生徒の割合が全国一になった学校である。一般的には不登校生徒が二％を超えれば多いとされるが、この学校では不登校生徒が四％を超えていた。その結果、当時は、不登校対策の指定校となったこの中学校は、不登校対策だけにスポットを当てなかった。この指定を機に学校そのものの役割を問い直し、学校のあり方そのものを見直す改革に取り組んだのである。不登校生徒のみならず、どの生徒にとっても、心の居場所となる学校づくりを目指したのである。その基本コンセプトは魅力ある学校づくりである。研究テーマを「魅力ある学校生活の創造」と題して学校改革を推進した。それは

①　生徒が楽しいと思える学校
②　明日も学校に行こうと思える学校

③　知的好奇心を満たせる学校

④　新しい発見のある学校

が基本理念である。この理念のもと、生徒を学校に合わせるのではなく、学校そのものを生徒のさまざまな個性に処遇する場所へと変えていったのである。教科の学習やさまざまな活動の多くを生徒の主体性にゆだね、自立を促した。具体的には、学習場面では単なる知識の習得に留まらず、個の特性に応じた多様な学びの機会を設けた。ペーパーテストで教科の習熟を測るための中間テストを廃止して課題追究月間とした。課題追究月間では個別的・個性的な学びにより学力を単なる知識・理解から学習力の育成へと学びの視座を移動した。また九〇分に及ぶ総合講座の時間では、演劇やアウトドア活動・手話や点字・中国語・生け花や手芸・料理などの三〇種程の講座の中から自己の興味や特性に応じた講座を選択して学びや活動を繰り広げた。

個の特性を尊重し、個に応ずるということは決して一律でない多様性を尊重するということである。一律性や同一性が大切なことではなく、お互いの個性を尊重し大切にし合うことに価値をおく学校づくりは、結果として教師の不登校生徒への考え方や接し方も変えていったのである。

「わからないことはたくさんある。できないことも数え切れないくらいある。……自分らしく生きていくにはどうしたらよいか、何を学ぶべきか、みんなで真剣に考えたらよいと思う。そしてお互いが認めあっていけば、もっと素晴らしい学校になると思う」

「世の中って何だろう。自分っていったい何だろう。自分には何ができるだろう。ほんとは、ききたいけど、いみないじゃんって思うけど、てれくさいかな？　ダサイかな？　なんて思いながら、全部いっぺんにはわからないと思うから、少しずつ自分でわかりたい。きっとそれが『生き方』っていうんだろうな、たぶん」

それは教師からのこんな生徒への呼びかけの言葉に象徴される。現在の不登校生徒とは息長く、その生き方と向き合うこと、そうしてその子が幸せになれる方途を共に探ること、また、新たな一人の不登校生徒を生み出さないことへと着実な歩を進めていった。

## (5)　新文化の創造へ

不登校の問題だけでなく、学校にはさまざまな課題がある。差別やいじめ・学級崩壊・校則違反や授業妨害などさまざまな課題がある。別々の現象として表出してくるこれらは、実は根本を一にしている。それは学校が真の心の居場所ではないということである。押しつけだけの校則・学習や活動だけの学校生活に児童生徒は魅力を感じるはずがない。それ以上に、自ら考え主体的に判断し行動するための大切な場面や機会さえ奪ってしまうことになる。居場所のない息苦しい学校生活は、児童生徒の自己効力感を低下させるだけである。自己効力感の低下は、自分を好きでない児童生徒を生み出す。渇いた心の自分を好きでない児童生徒に他者を思いやり愛する余裕はない。その結果、さまざまな現象として表出するのである。どの生徒にとっても自分が好きでいられる魅力ある学校生活の創造こそが根本的な解決への道であると考える。現状の学校文化に埋没することなく、また、小手先の改革に留まらず、学校の役割とは何か、そのための教師の仕事とは何かを、今一度課題としてほしい。そのためには、学校全体のデザインを問い直し、真の居場所としての新文化を創造してほしいと切に願う。

（宮川啓一）

参考文献
(1) 現代教育研究会『不登校に関する実態調査―平成五年度不登校生徒追跡調査報告書―』二〇〇一年。

## 4 学校の教師の関わり方について

### (1) 学校の不登校対応の変遷と私の関わり

私が一九八〇年代に市立平田病院神経科・心療科（当時）の部長であった頃、不登校の女子中学生の担任教師と対応について相談をしたことがあったが、その先生は「学校のことは学校に任せてください」といわれた。当時は家庭訪問する先生もあり、それなりに関心をもっておられたように思う。しかし一九九〇年代頃から「登校刺激をしないほうがよい」という風潮が強くなり（文献(1)によれば、言葉としては七〇年代からあったという）、その後適応指導教室が増え、一九九五年よりスクールカウンセラーが学校に配置されるようになり、先生方は専門家にまかせるような風潮になったようである。また出席日数に無関係に卒業ができるようになると、さらに教師の関心が不登校生徒から消えていったように思われる。したがって学年が替わると、不登校生徒は担任の顔を見たことがないというようになった。しかし、ここ一〇年くらいはスクールカウンセラーも増えてきて、現在は先生方と相談して「適切な時期に適切な登校刺激を」という対応がなされているようである。

私は児童精神科医ではないが、一九九〇年代から不登校、ひきこもりや家庭内暴力の対応などに関心をもってきた。一九九〇年から日本福祉大学の教員として教育に携わる傍ら、心理臨床研究センターで臨床心理学の教員の竹中哲夫氏らと不登校・ひきこもりの親相談を十数年担当し、竹中氏の主導で、大学に近い知多半島地域にメンタルフレンドの派遣も行った。その頃世話人代表からメンタルフレンド東海の世話人になるよう声をかけていただき、日本福祉大学の学生にも参加してもらった。

その後私は、二〇〇七年から知多市内で心療内科・精神科のクリニックを開業している。外来に時々小学生から高校生までの不登校の生徒が来ている。できるだけゆったりと面接するように心がけて、時にはクリニックのカウンセラーにつないで、面接をしてもらっている。ひきこもりの方は親だけの相談が多いので、「パティオちた支援室」という相談室で対応したり、近くにある別の心理相談室に紹介している。

そんな訳で私なりに不登校の子どもたちに関わってきた経験から、学校の先生や学校に対して臨床医としてのお願いを箇条書きにしてみる。

## (2) 担任の教師の関わり方について

### ① 不登校について関心と知識を

不登校の生徒や親と話していると、適応指導教室のことを聞いていなかったり、三者面談(生徒がいなくて二者面談になることもあるが)でも進路について詳しい話を聞いていないなどのことがあり、不思議に思ったことがある。担任教師がすべて把握することは難しいと思われるが、全国平均で中学生では不登校生徒がクラスに一人位いるので、ぜひ不登校についての関心と知識をもっていただきたいと思う。不登校問題の変遷について大まかに知るのに滝川の著書(2)は手ごろかと思われる。

### ② 個別の理解と支援を

もしクラスに不登校の生徒があれば、個別の問題、背景問題などを把握し、個別の対応を考える必要があると思われる。スクールカウンセラーや経験のある先輩教師と相談して対応を考えていただきたい。一人で抱え込まないことが大切である。

### ③ 本人への接し方について

熱心に電話をしたり、家庭訪問をすることがかえってプレッシャーを与えて、よくない場合がある。事例ごとに対応を考える必要があるが、一般論として、戸惑い、自己愛が傷ついているので、性急に登校を促しても拒否することが多い（「登校刺激をしないほうがよい」といっていた頃には、本人が学校の話をしてもピリピリしなくなるまで待っていたが、なおこの視点も必要であろう）。

　別室登校ができた場合には、その努力を認めるなど、小さなことでもほめて、本人のやる気、元気が出るようなアプローチを考えるとよい。しかし、一般的には不適応だったクラスなどに戻るのは難しいことだと受け止めるほうがよいであろう（大人でも職場が合わなくて転職する人も多い）。

## (3)　学校としての対応について

### ①　チームでの対応

　どの学校にも不登校対策委員会があるようだが、個別のケースの対応まで検討することは難しいかと思われる。学校として担任を支え、スクールカウンセラーと相談をしながら、できるだけ柔軟な対応を考えていただきたい。「適切な時期に適切な登校刺激を」という時代であるが、スクールカウンセラーも熱心な先生に対して「今は、登校刺激をしないほうがよい」といいづらいこともある。その結果尚早に学校へひっぱることになり、かえって本人の負担になるならば注意を要する。

### ②　適応指導教室の活用

　本人が同意をすれば、適応指導教室を活用する。ただし原籍校のクラスに戻ることは、本人の状態を見ながら慎重に行っていただきたい。

③　学校外の支援機関との連携

時にスクールカウンセラーから医療機関に受診するよう紹介を受けることがある。発達障がいの疑いがあったり、自殺念慮がある場合などである。このように学校だけで解決が難しい場合には、必要に応じて外部の機関へ紹介して、連携を図っていただきたい。

学校への実際的なお願いは、大まかに以上のようなことかと思われるが、学校として根本的に考えていただけるとすれば、本書の第Ⅴ章3—(4)で述べているような、魅力ある学校にしていただくことかと思われるが、私の課題を超えている。

## (4)　学外の支援機関との連携

①　学校がハブとなって

上記のように医療機関への紹介が多いかと思われるが、地域のフリースクールなどとも連携をとり、必要な支援をつないでいけるとよいであろう（今後スクールソーシャル・ワーカーの数が増えるとやりやすくなるかも知れない）。

②　連携支援の輪に入っていただきたい

しばらく登校できない事例などでは、家族が動いて医療機関、相談機関に行く場合もあり、そうした連携支援の輪ができていることもある。教育機関としての学校が中心となるだけではなく、進路相談など一支援機関として輪に加わっていただけるとありがたいと思う。

### ③　卒業後につなげる

高校へ進学したものの、やはり不登校になってひきこもる生徒が一定数ある。高校生年代になるとスクールカウンセラーがさらに少なくなり、フリースクールもほとんどない。そのため、慣れた適応指導教室の指導員が相談に乗ったりする場合もあるようだ。難しい課題かもしれないが、高校と何らかの形でつなげられると、ひきこもり防止に役立つのではないだろうか。

（水野信義）

参考文献

(1)　長岡利貞『欠席の研究』ほんの森出版、一九九五年。
(2)　滝川一廣『学校へ行く意味・休む意味』日本図書センター、二〇一二年。

# 第Ⅵ章　笑顔の明日へ

## 1　問題の所在と活動のあり方

ボランティア活動を続けていると、数々の課題に出会う。第一に活動内容の理解を深めることである。二〇年以上にわたる私たちの実践も、必ずしもよく知られているわけではないのが現状である。毎年、校長会や不登校担当者会に参加してよく説明し、各校にメンタルフレンド研修会の参観案内を送付してはいるが、参加者が少なく理解は今一つである。

この活動は、実際に活用して初めてわかるもので、その経験のない学校や先生には、縁の遠いものと感じられる。考えてみれば、私たちの活動は民間に根ざしたものである。広くメンタルフレンド活動と呼ばれているものの多くは、公的機関（教育委員会が主催、児童相談所、教育委員会から委託した大学など）が関わっている活動である。しかし、私たちはあくまでもボランティア団体としての活動である。私たちが願っていることを、よく理解してもらうように、私たち自らが広報することも当然必要であると思うが、まずは東海市内の各学校関係者に知ってほしいし、積極的に活用してほしいと願う。

次の課題は、指導に困っている子どもはだれでもメンタルフレンドとの交流がよいという考え方は不適切である。メンタルフレンドを活用してほしいが、活用にあたっては、いくつかの注文がある。まずメンタルフレンドは、「便利屋」ではないということである。あくまでも不登校や不登校傾向にある子どもの成長と幸せを願ってのメンタルフレンド活動である。その実状を知るためにも、ぜひ研修会に参加して事例検討の中でメンタルフレンド活動への考えを深めてほしい。

他にも、子ども自身がメンタルフレンドとの交流を希望することが大きな条件となっているが、その子どものもっている問題がメンタルフレンドの学生で対応できる範囲のものであるかを見極めてほしいのである。遊んでくれるのであれば、ぜひメンタルフレンドに来てほしいといわれても、子どものもつすべての課題に対応できるわけではない。そのためにも、子どものもつ問題や状態について、世話人と親、学校で話し合うことを活動の前提としている。その上で、学生で対応ができないものと判断した場合には、引き受けないことにしている。活動の中身は「遊び」ではあるが、学生は子守ではないし、治療者でもない。遊びを通して二人で築いていく活動が不登校の子どもの自信や自立に結びついていくことを願っている。学生に対して過大な期待と責任を負わせることはできない。この判断をするのが世話人としての役割であり、また責任でもある。

私たちの活動は、東海市のみの地域活動である。よく他市町からもメンタルフレンド派遣の依頼を受けるが、それはしないことにしている。この活動は、学生や世話人の多大な労力を必要とする。活動の趣旨やねらい、活動方法を知ってもらうだけでも大変である。その上で、その地域の実状に通じていることが重要である。私たちの活動を十分に行うためにも、その地域の社会資源を知り、連携することが大切な条件となる。不登校児を支援する各機関と常に話し合いながら、子どもの生活環境を整えていく必要があるからである。

最後に、活動経費の問題がある。私たちはメンタルフレンド東海を民間ボランティア団体として立ち上げ、この組織に参加している学生及び世話人の会費で運営している。これまでにも、活動資金のために、市の教育委員会に経費援助を申請したり、ボランティア活動資金助成金のために論文を応募・投稿してきた。設立当初は、この活動が新聞に取り上げられたことから賛同者の寄付があった。現在研修会は、東海市教育委員会の協賛を得て、会場費と学生が交流する日の交通費を負担していただいている。ボランティア学生の募集にあたっても、東海市の在住を条件とせず、あくまでも不登校の子どものために活動したいと考えている学生たちの集まりである。世話人は、東海市近郊の学生に限らず、メンタルフレンドとしての適性のある学生を、責任をもって選んでいる。したがって交通費の支給は大変ありがたいことである。

公的補助金には常に費用対効果が求められる。しかし、この活動の成果は当然ながらすぐに現れるものではない。交流活動での得難い体験の積み重ねが、やがては生きる力となると信じている。私たちの活動はとくに人の心に寄り添う活動であり、活動の独立性と独自性は失いたくないと考える。

## 2　私たちの願い

### (1)　ぶれない初志

世話人代表の私は、養護教諭として多くの不登校の子どもたちと関わってきた経験がある。現在の職に転じてからは、直接子どもに関わることは減ったものの、不登校児に関する相談を受けることがしばしばあった。現在大学の教員として不登校問題を考えた時に、かつて不登校の子どもに児童相談所からのメンタルフレンドが交流活動した時のことを思い出していた。不登校からようやく保健室登校を始めたばかりのその子に、児童相談所からメンタルフレンドが派遣され、家を訪問する。子どもがその訪問を大変楽しみにしていた姿を見て、大学生という若さと、大学生のもつ魅力に驚いたことがあった。不登校の相談を受けるたびに、かつて保健室登校していたその子どもと交流したメンタルフレンドのことを思い出していた。私はこの活動に魅力を感じ、メンタルフレンド東海を組織し、ボランティア活動をスタートさせたのである。

この活動は、単に登校させることを目的とするのではない。不登校の子どもたちが少しずつ元気になり、「自分の考えていることを、ボツボツでいいので自分の言葉でいえるようになること」「やろうと願っていることをやることができるようにすること」、そしてなにより、輝く笑顔を取り戻してほしいと願っている。そして私自身が不登校児のために役に立てる大人でいたいと考えた。そんな思いを組織化し、多くのボランティアの学生の参加を得て活動してきた。

実際には、このボランティア活動は若い学生が関わるので、世話人は直接子どもと接することはない。しかし、学生たちの活動報告を通して、子どもの姿や活動内容は把握している。学生が子どもと心おきなく関わるには、世話人が学生をしっかり支えていく必要がある。学生はもちろん、真摯に子どもと向き合い、そして、その時間を心から楽しむ。学生には、活動内容を世話人に報告することを義務づけている。この一回ごとの活動記録と報告、それに対する世話人のスーパーバイザーとしての示唆や励ましが学生の意欲を支えている。これはいわば二重の支援である。学生は不登校児を支え、その学生は世話人から支援を受け、子ども理解を深める。子どもにとっては、二重の支援を受けることになる。これらの地道な活動の積み重ねが、これまでのぶれない不登校支援「メンタルフレンド東海」の活動の支えとなっている。

## (2) 多様な支援のひとつ

現在不登校児への理解も進み、支援する公的機関も整備されてきている。また、学校では教師も担任も、そして保護者も、それぞれが、それぞれの援助方法を工夫している。さらなる課題は、連携とネットワークづくりである。それぞれの立場で当該の不登校児の対応はしているものの、立場によって方法や、当該不登校児から引き出すものがそれぞれ違うのは当然である。だからこそ方法は違っても共通の願いのもとにネットワークを築くことである。

私たちのメンタルフレンド活動は、その隙間を埋める活動に過ぎない。そして、この活動は、治療を目的としているわけではない。学校に行かせることでもない。

メンタルフレンドにできることは、子どもと無心に遊ぶことである。そこにメンタルフレンドの独自性と意義がある。人と人との関わりが苦手な子にとってまず遊びから始まることの安心感は重要である。人は人に出会うことによって成長する。逆にいえば閉ざされた一人だけの生活に成長は望めない。メンタルフレンドとの交流活動を通して、それまでじっと一人きりで過ごしてきた子どもが、素敵な笑顔でいられる時がくることを知ってほしい。やがて、いつも、どこでも、自分らしく過ごせるようになる力をじっくりと育てていくことになる。

私たちの活動を、広く親も学校も担任教師も、治療にあたる諸機関も知ってほしいと切に願う。また知るだけではなく、理解を深め連携を深めてほしい。とくに現場の教師には、私たちの行っている研修会に積極的に参加してほしい。そして、交流を重ねる学生の真摯な思いと、研修会の講座を担当する世話人の言葉に耳を傾けてほしい。そこで、担任教員には当該不登校児の学校での姿を語ってほしい。そのそれぞれの場面で見せる姿を、支援する者同士が互いに重ね合わせる。これにより、新たに見えてくる子どもの真の姿に笑顔の明日のための答えが待っていると信じたい。

（大原榮子）

# おわりに

不登校の子どもたちのためになにかできることをと思い、立ち上げた「メンタルフレンド東海」の活動も二〇年が過ぎた。この年月の流れは速かった。

やっと今、これを本にまとめることができた。まとめる話は、活動が一五年を過ぎた頃より出ていた。世話人の一人から、「どんなことも、書いて残さなければ何も残らない」とよくいわれてきた。その言葉を常に聞いてはいたが、活動することが優先で、まとめるゆとりはなかった。この活動は、学生のボランティア活動であるが、世話人の私たちにとってもボランティア活動である。

この活動の中で忘れられない人がある。会の立ち上げ以前から「親の会」や「不登校の子どもたちのための進路ガイダンス」を共に立ち上げ運営してきた丸山紀子さんとも、「いつか、まとめなければね」と話し合いつつも、日々を過ごしてきた。日課のように私は出勤の車の中で、彼女と携帯電話で、会の運営や学生の状況を打ち合わせていた。多年私自身が不登校の子どもに関わり、その思いを言葉に表し、それを実践活動にまで移すことができたのは、世話人としてこれまで一緒に活動してくれた仲間がいたお陰である。その仲間の一人であった丸山紀子さんが、平成二三年一〇月二九日、突然この世を去った。今でも信じられない思いでいっぱいである。この二日後には彼女は新しいメンタルフレンドの学生を子どもに紹介する予定が組まれていたのである。

そしてもう一人、大切な人を私たちは天国へ送った。親の会、進路ガイダンス、メンタルフレンド活動のすべてにわたって、助言、協力してくださったスクールカウンセラーの金桶真理さんである。彼女の死もまことに突然であった。いつも笑顔で、ゆっくりとした口調で、メンタルフレンドを見守り語ってくれた。研修会でのスーパーバイザーとして学生に温かな言葉を贈ってくださったことは忘れられない。このかけがえのない二人が世話人またスーパーバイザーとしていてくださったからこそ、私たちの活動ができたことはいうまでもない。活動半ばでこの世を去られたお二人に心よりご冥福をお祈りしたい。

そして、本にまとめたいと思った理由がもう一つある。それは、この活動が東海市という特定の市に限って行われたもので、他市町まで広げていなかったことである。これまでにも、他市町からメンタルフレンドの派遣の要請をいただいていたが、出向いていない。それは、この会の精神や運営趣旨そのものが充分に理解されないと、活動は難しいからである。もし、他市町で同様な活動をしたいと思っている人たちがあれば、これまでの蓄積をお伝えすることにやぶさかではないし、むしろ広がっていってほしいと願っている。この出版を契機に他の地域でこの活動が立ち上がり、情報を交換し、連携していくことができれば、これにまさる喜びはない。もっと子どもの笑顔に出会うことができ、この活動の良さを知ってもらえるだろう。

また、この活動は、不登校の子どもたちのみならず、メンタルフレンドも大きく成長させてくれるものであることも知っていただけることであろう。

最後に、この二〇年間、教育長をはじめとした東海市教育委員会、各小中学校の先生方には、メンタルフレンド東海の活動を常に温かく見守り、支援いただいたことに感謝している。とくに、研修の場を提供していただくとともに、学生への活動費の補助は、民間ボランティア団体としてありがたいものであった。活動を始めた当初は、熱い思いを語り、それを理解していただくことに必死だった。そして、その活動を継続することができたことは、このような周囲の温かい支援があったことによるものである。

また、本書出版にあたって、黎明書房の武馬久仁裕氏には大変お世話になった。遅々としてまとまらない草稿に辛抱強くお付き合いいただき、さまざまな示唆をいただいたことに感謝したい。

メンタルフレンド東海世話人代表　大原榮子

## 執筆者一覧

### メンタルフレンド東海

**（世話人）**

大原　榮子　　名古屋学芸大学短期大学部教授（代表）
長岡　利貞　　元椙山女学園大学教授
水野　信義　　心療クリニック・パティオちた院長　精神科医
　　　　　　　元日本福祉大学教授
宮川　啓一　　岐阜聖徳学園大学非常勤講師
佐治　恒佑　　心療クリニック・パティオちた　臨床心理士
戸田　和憲　　おの心のクリニック　臨床心理士
香村　弘恵　　メンタルフレンド東海事務局

**（スーパーバイザー）**

中村美津子　　臨床心理士・スクールカウンセラー

**（メンタルフレンド）**

大山心子・酒井　愛・關　千春・千葉春佳・内藤文菜・林　穂乃佳
林　優花・宮地里枝・向原ひろみ

### 協力者

権田　秀一　　東海市教育委員会学校教育課指導主事
田川　弘樹　　東海市立名和中学校教頭
浅田　育子　　東海市立加木屋南小学校養護教諭
丹下加代子　　東海市教育相談員
武田　基二　　東海市教育相談員

※所属は刊行時のものです。

## 編著者紹介

**メンタルフレンド東海**

1995年に東海市を活動場所として発足した不登校や不安・無気力・かん黙・心身症などの状態にある子ども（小中学生）を対象にした民間ボランティア団体である。

活動は，大学生が子どもの兄・姉のような立場で，学校や適応指導教室，子どもの家庭などを訪問し，子どもとのふれあいを通してその心を開き，子どもの自立を援助していくことをねらいとする。


不登校児《ふとうこうじ》を支《ささ》えるメンタルフレンド活動《かつどう》

2016年1月20日　初版発行

| | | |
|---|---|---|
| 編著者 | メンタルフレンド東海《とうかい》 |
| 発行者 | 武馬久仁裕 |
| 印刷 | 株式会社 太洋社 |
| 製本 | 株式会社 太洋社 |

発行所　株式会社 黎《れい》 明《めい》 書《しょ》 房《ぼう》

〒460-0002　名古屋市中区丸の内3-6-27　EBSビル　☎052-962-3045

FAX 052-951-9065　振替・00880-1-59001

〒101-0047　東京連絡所・千代田区内神田1-4-9　松苗ビル4階

☎03-3268-3470

落丁本・乱丁本はお取替します。　ISBN978-4-654-02083-6

**新版 これだけは知っておきたい教師の禁句・教師の名句**

諏訪耕一・馬場賢治・清水慶一編著　　四六判・195頁　1700円
「ことばかけ」の失敗は，学級崩壊や子ども・保護者との信頼関係の破綻のもとになる！　使われがちな禁句をあげ，より適切なことばかけを紹介。

**カウンセラーがやさしく教えるキレない子の育て方**

田中和代著　　四六判・114頁　1200円
どなる，暴力を振るう，リストカットをするなど，キレる子どもが確実に変わる，今すぐできる親の対応の仕方を上級教育カウンセラーがマンガで解説。

**子どもを立ち直らせる愛の法則**

磯部陽子著　　四六判・184頁　1600円
子育てがうまくいかないのは，親の愛がうまく子どもに伝わっていないから。親の愛が子に伝わり，親子の絆が回復し，すばらしい子になる法則を紹介。

**トラウマ返し　―子どもが親に心の傷を返しに来るとき**

小野修著　　四六判・184頁　1700円
ある日突然，子どもが親を果てしなく非難・攻撃するトラウマ返し。時には親の命を奪うことさえある，トラウマ返しの背景・対応の仕方などを詳述。

**一人でできる中高生のためのＰＴＳＤ（心的外傷後ストレス障害）ワークブック**
**―トラウマ（心的外傷）から回復できるやさしいアクティビティ39**

リビ・パーマー著　上田勢子訳　　B5判・158頁　2600円
災害・虐待・いじめなどにより心に深い傷を受けPTSDの症状に苦しむ中高生が，豊富な具体例を参考にしつつトラウマから回復できるワークブック。

**先生が進める子どものためのリラクゼーション**
**―授業用パワーポイントＣＤ・音楽ＣＤ付き**

田中和代著　　A5判上製・64頁　2500円
音声ガイド入りCDを聞きながら，心身のストレスを取り去り，心も強くするリラクゼーション（呼吸法）が，小学校高学年から誰でも簡単にすぐできる。

**不安やストレスから子どもを助けるスキル＆アクティビティ**

キム・ティップ・フランク著　上田勢子訳　　B5判・96頁　2200円
失敗が怖い，１人が怖い，学校が怖いなど子どもを襲う様々な不安やストレスを，子どもが自分自身で克服するためのＳＳＴワークブック。

表示価格は本体価格です。別途消費税がかかります。

■ホームページでは，新刊案内など，小社刊行物の詳細な情報を提供しております。「総合目録」もダウンロードできます。http://www.reimei-shobo.com/